核心素养下
历史课堂的构建

翁迪晓◎著

吉林大学出版社

·长春·

图书在版编目(CIP)数据

核心素养下历史课堂的构建 / 翁迪晓著.－－长春：
吉林大学出版社，2021.4
ISBN 978-7-5692-8205-4

Ⅰ. ①核… Ⅱ. ①翁… Ⅲ. ①中学历史课－教学研究
－高中 Ⅳ. ①G633.512

中国版本图书馆CIP数据核字(2021)第077442号

书　　名	核心素养下历史课堂的构建	
	HEXIN SUYANG XIA LISHI KETANG DE GOUJIAN	
作　　者	翁迪晓 著	
策划编辑	李伟华	
责任编辑	李伟华	
责任校对	闫竞文	
装帧设计	黄诗琪	
出版发行	吉林大学出版社	
社　　址	长春市人民大街4059号	
邮政编码	130021	
发行电话	0431-89580028/29/21	
网　　址	http://www.jlup.com.cn	
电子邮箱	jdcbs@jlu.edu.cn	
印　　刷	武汉清霆彩印有限公司	
开　　本	787mm×1092mm　1/16	
印　　张	13	
字　　数	170千字	
版　　次	2022年1月　第1版	
印　　次	2022年1月　第1次	
书　　号	ISBN 978-7-5692-8205-4	
定　　价	58.00元	

前　言

核心素养主要指学生应具备的,能够适应终身发展和社会发展需要的必备品格和关键能力。"核心素养"概念的提出,标志着基础教育改革进入全新的阶段。由此,基于"核心素养"教育教学的研究迅速展开。这一全新的理念对学生的发展要求和发展方向进行了全新的界定。由于传统教学观念的影响,在现阶段高中的历史教学中不难发现,老师更注重的是知识的传授,老师严格按照课本的内容走向来教授学生知识,对于学生对知识的掌握程度、兴趣爱好等不是很了解。在这种教学环境中学生往往是被动地去学习,学生对高中历史的学习缺乏主动性和兴趣。基于此,高中历史课堂要以核心素养为基础展开教学。

以核心素养为核心,构建教学大纲;以核心素养为指导,重设历史课堂;以核心素养为基础,创新历史教育。通过核心素养下历史课堂的构建,能够培养学生正确看待历史,以史为鉴;通过史料塑造情境,能够帮助学生理解历史人物。在教学实践过程中,老师以核心素养为导向,依靠其对学生的学科专业要求,以抽丝剥茧般的耐心,同学生一同投入到身临其境式的历史现场中,引导学生以更积极的心态思考历史人物、历史背景,增强其批判与反思的能力,帮助学生客观理性地认识历史人物,自主探究历史价值,从而不断提高学生的综合素养。

构建核心素养下的历史课堂,历史教师应该结合实际的教学环境来采用多样化的教学方式,加深学生对课堂内容的印象,帮助学生理解记忆。历史教师应该从家国情怀核心素养、历史解释核心素养、时空观念核心素养、史料实证核心素养和唯物史观核心素养的视角出发,将历史核心素养与历史课堂相结合,促进历史教学的发展。学生在学习过程中需要得到老师的认可,老师在教学过程中需要得到学生的肯定,因此需要构建核心素养下的教学评价体系,以此不断完善历史课堂教学。

　　对于核心素养历史课堂的构建来说,不仅要对历史核心素养有一个较为透彻的理解,也需要对历史核心素养的运用有清晰的认知。因此,我们需要与时俱进,随着时代的发展而进行不断地完善,更新教学理念,促进核心素养下历史课堂的发展。

作者
2021 年 1 月

目　录

第一章 绪论

第一节 历史教学的学科含义

一、历史教学论的学科地位

对于历史教育理论研究来说,需要解决的基本问题包括"教什么""怎样教""怎样学"和"持什么观念去教"等,分别对历史课程论、历史教学论、历史学习论和史学理论等进行有侧重点的相应研究。但是,这些理论学说相互之间不是割裂的,而是有着密切的联系,谈及历史教学论的学科地位就必须涉及这些理论研究的相关问题。

(一)对历史教学论的基本认识

从世界范围看,历史教学论不是一门孤立发展的学科。历史教学论的发展有赖于多种理论研究的进展:第一,它是随着教育心理学的研究以及教育学的分支——教学论研究的不断发展而形成的;第二,它的发展必须借力于历史课程论,尤其是历史教育价值研究的深入;第三,它的进展需要仰仗于历史教师专业的长足发展以及对历史教师专业评价的进步;第四,它的发展必须以历史学的研究及其前沿成就为根基;第五,它的提升离不开史学理论的争鸣和研究的推进。

历史教学论不是一门纯理论学科。作为一个相对独立的理论体系,它必须兼顾"怎样有效地教"和"怎样有效地学"的问题。它既要研究教学的一般规律,又要有针对性地研究历史课程教与学的特殊规律,同时它还应密切关注历史教学实践,探讨用教学的一般规律和历史教学的特殊规律去指导教学的方法、策略和技术的形成。也就是说，历史教学论既要坚持历史学科教学理论的研究，又要在理论成果的指导下开展应用研究，以解决历史教学实践中某些带有普遍性的问题。但必须明确的是，历史教学论的应用研究并不是要给一线教师开出一个具体的教学处方，而是要为教师的教学实践提供有益的启示和学科教学理论的支撑。

在我国，历史教学论是在历史教学法的基础上发展起来的，起步晚于西方。因中国古代教育有"文史不分家"的传统，只有"治史"之法而没有专门的历史教学法。

我国历史教学论的发展与国外不同，世界范围内的学科教学论是在通用教学论的基础上发展起来的，而我国历史教学论的前身则是历史教学法。与历史教学法相比，历史教学论有许多根本性的变化。从教学的视角而言，历史教学法主要是从历史教学大纲或学科书的角度来理解教学的，而历史教学论则需要从课程和学习的角度来研究历史教学。历史教学法虽然也在寻求教学方法的理论依据，但更多情况下是在教学经验和感悟中积累教学的技术和技巧，因此传统的历史教学法强调历史知识的传授，追求按统一的历史专业体系培养学生，较少论及学生的个性特征和全面发展。而历史教学论则以现代各种理论成果为基础，寻求在科学的指导下实施有效教学，并逐步在历史教学的深入研究中完善自身的理论体系。

(二) 教学论对历史教学论的影响

教学论是教育学科中一门独立的分支学科。从世界教育学的领域看，教育学是处于上位的学科，教学论是处于中位的学科，作为学科教学论之一的历史教学论是处于下位的学科。纵观世界教育的发展，历史教学论经历了在教育学的母体内不断孕育到诞生的历程。

《大教学论》是17世纪捷克著名教育家夸美纽斯的代表作，也是西方教育史上第一部含有系统教学理论的教育专著。夸美纽斯提出"泛智论"，主张教学必须顺应自然的过程，并在这个思想基础上提出不少教学原则，同时奠定了班级教学的理论基础。到了20世纪50年代，由于社会生产力和科学技术的飞速发展，出现了世界性的教育改革浪潮,随之出现了许多新的教学论主张。这些教学理论都具有这样的共同特点,即探索新的教学过程的结构,尤其重视教学内容的革新,以适应现代科学技术迅速发展的新局面和对科学技术人才的需求。现代教学论研究的另一重要特点是与生理学、心理学、脑科学的研究更加紧密。系统论、信息论、控制论等理论的出现,又为研究教学论提供了新的科学方法。众多的理论认识,对我国目前的历史教学论发展产生了不容忽视的影响。

以往,国外学者对于教学论研究对象的认识并不一致,基本处于两个极端。一端是以教学方法、技术、策略为研究对象,另一端是以教学一般规律为研究对象。前者有着明显的技术倾向,后者有着明显的学术取向,从而导致各方对教学论在学科性质认识上的长期分野。我们现在看到数量庞大、风格迥异的欧美教学翻译作品,诸如教学模式、教学策略、教学设计的名称等等,就是前一倾向理论升华后的成果。

从形成独立学科的角度看,我国教学论起步较晚。对于教学论的学科性质和研究对象的新认识,引发了我们对于历史教学论进一步发展的思考。其一,教学论这一处于中位的学科,没有具体专业学科为依托,对教学应用的研究是有较大难度的,其中借用的某些学科教学的个案,在其他学科中应用会受到该学科特殊性的排斥。因此,处于下位的各门学科教学论的发展,有可能反过来促进通用教学论研究的进步。其二,教学论研究的是教学的一般规律,但历史教学论不能仅仅研究教学的一般规律,还要对历史教学的特殊规律进行深入的研究,因为开展历史教学实践研究的许多素材就存在于历史教学的特征之中,尤其是历史教学的特殊规律与历史学习关系甚为密切,这不仅关系到教学技术,而且涉及历史学习理论的研究。其三,各学科的研究理论对学科教学影响重大,例如史学理论对于持什么观念去教历史就有指导意义。

(三)历史教学论与历史课程论的关系

历史教学论与历史课程论之间关系的确定,在较大程度上受到教学论、课程论二者地位的影响。虽然,课程论成为一个独立专门的研究领域发轫于20世纪初,但西方学者在教学论与课程论二者地位的判定上一直众说纷纭。有人认为,课程论是个广域的母系统,而教学论是其子系统。也有人认为,课程与教学是不可分割的整体。还有人指出,尽管课程与教学有时是结合在一起的,但各自有着不同的特点,是两个同等重要的具有独立性的教育领域。同时还有人干脆断定,教学论与课程论是并列在教育学中的下位理论。

我们认为,历史教学论和历史课程论,都是从属于历史教育学的平行分支,有各自的研究对象。两者相互独立,但又具有一定的交叉。通常,人们将历史教学论的研究对象界定为历史教学活动的总和。那么,什么是历史教学活动呢?为了形成对历史教学论的完整认识,我们需要进一步认清历史教学活动的含义。

1.教学活动的含义

不少历史教师对"历史教学活动"的看法,基本上是出于对字义的直观解释,即将其分为"历史"和"教学活动"两部分。按照这样的认识,历史教学指的就是"教历史"与"学历史"二者的结合。换言之,就是在历史课堂中的"教"与"学"活动的总和。

随着学校的产生,教学活动专门作为学校的独立活动,有别于在社会生活和生产劳动过程中的培训活动。以教学为主,是学校同工、农、商等部门的根本区别,没有教学就没有学校。以教学为主,也是由学生在学校学习的间接经验为主的特征决定的。历史的过去性特征,凸显了历史知识的间接性。历史教学被认为是学生掌握间接性的历史知识的捷径。但是,不同层次的历史教学,其教学活动具有不同的要求。结合教学概念的动态发展过程,我们完全可以认为历史教学活动所涵盖的范围也不是一成不变的。

如今多数的研究者都主张,教学是教师的教和学生的学所组成的一种人类特有的人才培养活动。如此看来,教学首先包含了教师和学生两者的交互关系。其次,作为人类特有的人才培养活动,也应在一定的环境与条件中进行,还应具有一定的技术含量、成果创造以及对质量和效益的追求。此外,作为教学活动,必然存在着特定的过程和环节,并贯穿了人的行为与操控,其中也隐含着人的思想情感。当然,这就不再是简单的"教"与"学"两部分了。我们认为,历史教学活动是历史课程实施和历史课程学习的有机结合。为进一步说明这个观点,有必要通过分析历史教学内容体系来获得更全面的认识。

2.历史教学的内容体系

在学校的历史课堂上,教师教的是什么,学生学的是什么呢? 有部分教师认为历史课"教"的就是历史教科书。更有人直观地认为,不论是教师教的,还是学生学的,都是历史。至今,有不少人仍然坚持这样的观点。随着时代的发展,历史教学本身发生了巨大的变化。其中,最值得我们关注的是教学内容的变化,这一变化是随着历史课程的发展而出现的。

什么是历史课程呢? 有人将课程的定义直接引申到对历史课程的理解之中,认为"历史课程"是指历史学科和历史教学活动的总和,包括历史教学计划、历史教材、历史教学活动等。根据这一认识,我们所看到的只是历史学科知识体系的物质性教学形式,实际上并不是历史课程的全貌。

历史课程虽然表现为课程标准的文本形式,但它是要予以贯彻实施的,并不是一个僵化的文本,而且必须通过师生的教学活动展现其灵动性。我们认为,历史学并不等同于历史课程。它们两者间存在着必然的联系,然而两者分别是两个不同的系统。历史学的系统中包括了三个基本部分:一是历史的本相,这是历史学研究一直在努力追求的真理;也包括了前人留下来的各种史料和历史遗存,这是探求历史本相的证据;二是目前人们认知的相对真理,某些公认的历史定论、既定的历史概念和归纳的历史发展规律;三是历史的假说和相关推论,包括了在研究中运用的各种理论方法。这三个部分都以历史教学内容的形态纳入历史课程的系统内,但不是整体的,而是被有选择地纳入。在历史课程系统内,包括了被课程专家精选的史学知识,还包括了学习方法、课程资源以及培养公民基本素质的各种养分。课程是一个提供学校开展教育的专门系统,历史课程是其中的一个子系统。历史课程以课程标准的文本形式为教学计划的编制、历史教科书的编写、历史教学活动的开展和学生的培养提供了一个基本的依据。我们不应把历史课程与历史学、历史教材等同。

3.历史课程的主体

现行的初高中历史课程,均属于国家课程。作为国家课程之一的历史课程,可从课程的审定、课程的实施、课程的学习三个方面来认识其主体。其一,历史课程审定的主体是国家。其二,历史课程实施的主体是教师。其三,历史课程学习的主体是学生。

我们应该看到,课程是一个动态发展的系统。第一,课程的内涵会随着时代要求的变化而发生改变。英美两国的历史课程标准颁布后,都在数年间再度修订。在我国,历史课程标准也在重新制定之中。第二,课程的外延会随着时代的要求不断扩展。关于这点,集中表现在国家、地方、学校三级课程的产生上。1999年,教育部颁布的《中共中央、国务院关于深化教育改革全面推进素质教育的决定》就提出,为了改变课程管理过于集中的状况,我国实行三级课程管理体制,以增强课程对地方、学校及学生的适应性。三级课程的出现,体现了国家教育权的分立与下移,也体现了课程制定中的统一性与多样性相结合的原则。在三级课程体制下,最终的教育权仍由国家把握。各级教育行政部门应根据国家对课程的总体设置,规划符合不同地区需要的课程实施方案(包括地方课程的开发与选用),并报教育部备案。学校在执行国家课程和地方课程的同时,可开发或选用适合本校特点的课程。不论课程如何发展,课程实施的主体和课程学习的主体是不变的。而且,不论哪类课程出现,都以教与学的有效性为宗旨,只不过"有效"的视角和立足点在不同的时代有不同的看法而已。①

二、历史教学论发展的趋向

20世纪40年代末开始的新技术革命,对人类的生产、文化乃至社会生活等各个方面都产生了深刻的影响,并预示着人类发展新时代的

①徐亮,石洁,吴鹏超主编.中学历史教学教法新探索[M].青岛:中国海洋大学出版社,2018.

到来。联合国经济合作与发展组织(OECD)在其发表的《1996年度科学、技术和产业展望》报告中，正式使用了"知识经济"这一概念，此后，"知识经济"便成为人们耳熟能详的词语。在知识经济时代，劳动者的素质和结构将发生重大的变化，知识劳动者将取代传统的产业工人。所谓知识劳动者，主要是指从事知识与信息收集、处理、加工和传递工作的劳动者。此外，在知识经济时代，科学技术的不断更新，知识经济也被称为"学习经济"。

自20世纪逐步形成的现代教学论，是基于上述时代背景发展起来的。从总体上看，现代教学论大致有五个发展特征：第一，注重研究课程与教材的改革，以促进教学内容现代化，掌握教材更新的规律，以适应科学技术高速度发展的要求；第二，强调在教学中发展学生的智力，培养学生的科学态度和创造性思维能力，使学生对未来工作具有更大的适应性；第三，加强教学技术现代化的研究，实现视听教学技术的广泛应用，使教学方法迈进新的阶段；第四，重视自学能力和操作能力的培养，要求在教学中引导学生学会学习并掌握科学的方法，把用脑与用手结合起来，为终生的学习与工作奠定基础；第五，探究超常儿童的早期发展与早期培养，为造就高级科技人员创造条件。

上述现代教学的发展特征的第五点，对超常儿童的早期培养，在基础教育领域并不具有普遍意义。因为基础教育应关注每位学生的发展，偏重于研究超常学生培养的特例，不论成功与否，都不会从整体上提升教育的质量。故除了该点之外，其余各点对我国课改以来历史教学论的发展影响较大。比如，通过历史课程与教科书的改革，促进历史教学内容的革新；强调在历史教学中培养学生求真求实的科学态度和历史思维能力；注重在历史教学中引导学生掌握学习方法，学会学习等。

近年来，学界对上述某些方面进行了反思，产生了一些不同的认识。教学技术的现代化，历史教学的一些新教学方法，但现代教学技术在教学中毕竟起着辅助作用，即使引发新的教学方法，也不一定对有效教学起决定性的作用。单纯强调教学技术现代化，难免会陷入

"只见物,不见人"的误区。此外,即使从物的角度看,一些传统的历史教具仍在教学中有不可替代的作用。比如,具体的历史文物,能直接反映出质感、状貌,这是多维图像无法呈现的;还有历史遗址,学生到达现场观摩的感受,就不是看图片或影视所产生的感觉可以相提并论的。

值得一提的是,有些论者对世界范围内课程改革的效果提出了质疑,其中的一些认识将可能对教育改革导向的转变产生影响。在我国,课程改革所带来的各种理念,起初确实引发了一线教师诸多的困惑。但现实是,我国以往的历史教学内容长期没有更新,教学方式单一,如果不进行课程改革,历史教学将难以改观。随着课程改革的推进,不少历史教师的教育行为已经找到了新的方向,并不是一直处于迷茫状态。其中,一大批历史教师脱颖而出,成长为专家型教师。也因为有此基础,有这样的实践成果,我们才有可能将教师的专业发展作为今后教育改革的新的切入点。

历史教学论的发展趋势究竟如何?我们认为可以从这么几方面来看:第一,知识经济时代的影响仍会继续推动历史教学论的发展;第二,在历史课程实施中,提升历史教学的有效性仍是一个核心课题,而"有效"的目标是学生的可持续发展,其立足点是教师的专业发展,对历史教师专业发展目标的研究是历史教学论新的研究视点;第三,教师专业发展的外驱力是对教学的评价,对教师的评价将成为教育研究的重点。但这也是一个难点,其中需要解决的是"如何合理运用学业成绩与学习效果评估教师"的问题。

第二节 历史课堂的概念和构成要素

历史课堂是历史教学的环境依托,因此从历史课堂环境出发能够帮助人们更好地理解历史课堂。

一、何谓历史课堂环境

课堂环境作为教学设计的重要环节,旨在强化对教学内、外影响因素与条件的设计与改善。如何理解课堂环境,有不同角度与层面的理解,典型观点认为,课堂环境包括结构维度和情感维度。前者指学生在班级内的角色组织、角色期待以及共同的行为规范和约束机制,而后者则指个体的人格所需的独特的满足方式,如课堂中的满足感、亲密性和摩擦等。课堂心理环境指作为一个社会集体的班集体中的气氛,这种气氛对学生的学习产生潜在的影响。课堂环境即影响学生学习成就和品德的班级风气和气氛,常与班级心理特征有关,如班级成员之间的社会关系和相互影响,个人与集体的关系,竞争与合作的关系,师生关系,教师的领导方式,要求学生保质保量完成学习任务的强调程度,明显或不明显的班级组织和纪律方式,等等。课堂环境就是影响教学活动的开展、质量和效果,并存在于课堂教学过程中的各种物理的、社会的及心理的因素的总和。

倘若将课堂环境放在大的教学环境中理解,教学环境主要指学校教学活动的场所、各种教学设施、校风班风和师生关系等。将其对应于课堂环境,课堂环境也可从物质空间环境、组织文化环境、人际心理环境三种交互维度加以理解。对历史教学设计而言,历史课堂环境除了关注常规性的物理(物质空间)与心理(组织文化)环境外,更侧重于强化基于学科特征与方法的、对特定历史内容理解的人际心理情境的理解与创设。[①]

二、历史课堂环境的构成要素

历史课堂环境既具有课堂环境的一般性要素,又带有特定的历史学科特点,其课堂环境至少具有以下构成要素。

(一)物理环境

课堂物理环境是显性环境,是教学活动赖以进行的物质基础,主

---

①唐涛.高中历史课堂强化"核心概念"教学的研究[J].中国校外教育(上旬刊),2019 (11):143,147.

要包括教学设施、课堂座位排列、课堂自然条件、班级规模等。

教学设施是构成历史课堂物理环境的主要因素,课桌椅、历史图片、多媒体教学设备等,都是历史课堂教学必备的基本物质条件。苏联学者苏霍姆林斯基认为,我们应努力使学校的墙壁也讲话。这是因为丰富的墙壁布置是我们道德的、精神的、伦理的教育体系中的一个组成部分。历史课堂也应充分利用课堂内的教学设施,使其发挥最大效用。

课堂座位排列是历史课堂物理环境的必要构成部分。正确的座位排列还包括课桌设计。传统成行的座位排列只强调了教师授课的主导地位,讲台是最耀眼的中心区,教师处于课堂聚焦的中心点。在此种座位排列下,学生参与课堂的意识较弱,相对而言,课堂前排和教室的中间地带是学生较多参与教学的活跃区,其他座位的学生不自觉地会被边缘化。因此,在课堂教学中,教师可在教室里不断走动,尽可能让靠边就座的学生发言,同时,也可定期调换座位,或在适当条件下可让学生围在环形、长方形桌旁学习与讨论,增加学生参与课堂活动的机会。

课堂自然条件是历史课堂物理环境的自然基础,直接影响学生的心理健康水平。研究表明,课堂物理环境因素如教室内光线、温度、声音、色彩等,确实对教师和学生的认知、情感和行为产生了影响。历史课堂应尽可能采取较理想的课堂自然条件。

班级规模也是历史课堂的重要构成部分。班级规模主要是指一个班级内学生人数的多少。班级人数适中的课堂,学生会有更多机会参与课堂讨论,也有更多机会回答教师提出的问题。相反,如果班级人数过多,只有部分学生能参与正常课堂活动,另外部分学生就会被边缘化。在历史课堂中,教师应考虑此种变化,尽可能减少班级规模带来的负面影响。

(二)常规性心理环境

常规性心理环境主要指历史课堂内的人际关系与教学气氛。人际关系是人与人之间的交往关系,在历史课堂中特指师生关系与生生关系。师生关系是基于历史教学过程中的师生交往形成的,通过师生相互影响、相互认识、相互间的信息交流而强化。生生关系的建立基于学生个人的家庭环境、学生个体的知识水平与情感兴趣等,生生关系也是复杂的,并对历史课堂的教学气氛有着重要影响。

教学气氛主要指特定班级在历史教学过程中形成的一种情绪、情感状态,是在长期的历史课堂中基于学生在历史学习过程中的体验与感悟所产生的情感综合与应对形成的,它以师生对教学的态度及对周围条件的态度反映为基础,具有稳定性、综合性、交互性等特点。

常规性心理环境是历史课堂环境的基石。这其中,师生关系、生生关系以及有学科特色的、稳定性教学气氛的营造都至关重要。师生关系的质量能够鼓励学生在课堂上成为积极的学习者,能够培养其创造力。常规性心理环境是构建积极课堂环境的重要因素。

(三) 基于学科特征的历史情境

历史情境是联系学生学习经验与历史教学目标的桥梁。在历史课堂中,教学目标是根据学生经验、依托历史情境并在与教学目标的指向性互动中完成的。学生具有建构历史内容的相关经验,但这些经验通常是零散的、潜意识的,且并不能激活内含于特定历史对象的内容,历史情境恰恰能有选择性地将其激活、整合,或者能够提供更鲜活生动的经验"侧供给",从而有助于提高历史教学目标的达成质量。

创设历史情境要紧紧围绕教学立意与目标,情境的选题、角度、氛围都要与之相适应;要基于历史学科特征,历史情境可以有合理性的想象,但尽量不要有虚构。即使学习远古内容时没有一手史料,也可以做合理性想象或推测,但不能无原则性地加以虚构。历史情境要有趣味性,能使学生乐于参与,并要有一定的思维含量,能够有效培育学生的历史学科思维。

概括而言,历史课堂环境是课堂物理环境、常规性心理环境、基于学科特征的历史情境三者相互影响、相互渗透的综合。

第三节 历史课堂教学方法

一、教学方法的定义

在教学理论和教学实践中,教学方法一直作为重点研究对象而存在。对于教学方法的研究,存在着三种解释。第一种解释认为,教学方法是对于实现教学内容,达到教学目的所采取的一切手段和途径。这是一种广义的解释,它把教学原则包括在教学方法之中。第二种解释将教学方法与原则进行了区分,认为教学原则是教学方法的指导思想,教学方法是在教学原则的指导下所采取的具体活动的措施,这个认识仍然把教学组织形式混淆在一起,把上课、辅导等称为教学方法。第三种解释把教学方法与教学原则、教学组织形式完全区分,只把讲授、实验、练习、演示等称为教学方法。一般情况下,常说的教学方法是按照第三种解释来理解的。

针对国内外关于教学理论的研究,学者对教学方法的定义的理解各有侧重,概括起来有以下几种说法:①手段途径说;②教法学法统一说;③相互作用说;④动作体系说;⑤操作策略说。

李定仁、许继存在《教学论研究二十年》中指出,教学方法的定义都有其合理的一面,都在一定的层面上或从某一侧面指出了教学方法的特性,但都过于笼统、含糊或失之偏颇,不能充分揭示教学方法的本质。虽然不同的学者对于教学方法的定义不尽相同,但是依然存在着几点共识:第一,教学方法必须为实现教学目的,完成教学任务服务;第二,教学方法最本质的体现在于教师的教与学生的学,二者之间是密切相关、相互促进的关系,这是教学方法概念的核心内容,在现代教学论中,教学方法不再是教师向学生传授知识这种形式,而是师生之间共同学习的互动方法;第三,教学方法是师生活动的方式、步骤、手段和技术,任何一种教学方法都必须表现出师生动作的外部特点以及这些动作的手段和方式,这些是教学方法最一般的特征。

总之,教学方法是指为达到一定的教学目标,教师组织学生进行专门内容的学习活动所采用的方式、手段和程度的综合,它包括教师的教法、学生的学法、教与学的方法。教法,是教师为完成教学任务所采用的方式、手段和程序;学法,是学习者在一定的条件下获得知识、形成技能、发展能力和发展个性过程中使用的方式;教与学的方法,是指在教学过程中教师为了完成教学任务所采用的工作方式和学生在教师指导下的学生的学习方式的总和。[①]

二、教学方法的分类

(一)国外对教学方法的分类

1.巴班斯基分类法

巴班斯基认为,教学活动包含了知识信息活动的组织、个人活动的特征(主要是以各种方法来激励活动)以及活动过程中的随机检查。巴班斯基把教学方法分为三个大类,然后在这个大类下,又分了若干个小类,每一个小类下包含着集中教学方法。第一大类是组织和进行学习认知活动的方法。第二大类是激发和形成学习动机的方法。第三大类是检查和自我检查学习认知活动效果的方法。

2.拉斯卡的分类

美国学者约翰·A·拉斯卡提出以学习刺激的类型为标准进行分类。他指出,学习刺激作为一种手段,是一种与预期学习结果的实现相联系的刺激。他认为教学方法就是发出和学生接受学习刺激的程序。他按照发出和接受刺激行为的不同性质,将教学方法分为:呈现方法、实践方法、发现方法和强化方法,每一种基本方法是由很多的特定的方法构成的。

第一,呈现方法。教师可以选择合适的刺激,用适当的顺序把将要学习的内容呈现给学生。这种方法包括讲授、谈话、演示图片、阅

---

①贾格年,李宝宝主编.中学历史教师教学技能学习指导[M].天津:天津大学出版社,2017.

读、示范、考察和观察等。

第二,实践方法。教师可以把将要学习的内容以解决问题的形式提供给学生,通过已知程序的运用,提供可模仿的模式或可操作的特定学习活动来进行。教师的作用在于提出目的,组织实践活动,提供适当的反馈。具体包括指导学生学习某个确定的课题、给学生布置作业、要求学生模仿特定的模式进行活动训练等。

第三,发现方法。这种教学方法是指教师给学生提供一个情境,希望学生在其中发现预期的学习结果。教师的作用在于组织发现活动,关注活动中学生能力的发展,具体包括问答法、讨论法、设计实验等。

第四,强化方法。教师对学生做出预期反应后,对学生进行赞许、奖励,有目的地向对预期学习结果有获得行为的学生提供强化训练。具体方法包括行为矫正和程序教学指导。

3.威斯顿和格兰顿的教学方法分类

依据教师与学生交流的媒介和手段,威斯顿和格兰顿把教学方法分为以下四类。

第一,教师中心的方法,主要包括讲授、提问、论证等方法。优点在于有利于大幅度地提高课堂教学的效果和效率。它具有两个特殊的优点,即通俗化和直接性,有利于帮助学生全面、深刻、准确地掌握教材,促进学生学科能力的全面发展;有利于充分发挥教师自身的主导作用,使学生得到比教材多得多的东西。缺点是容易使学生产生"假知",从而导致知识与能力的脱节;容易使学生产生依赖和期待心理,从而制约学生学习的独立性、主动性和创造性。

第二,相互作用的方法,包括全班讨论、小组讨论、同伴教学、小组设计等方法。优点在于容易引起学生的学习动机;可以刺激学生思考;使学生能有不同想法,集思广益;使学生对课程记忆较深刻;在课堂上睡觉的学生比较少;教师与学生互动多;学生上课较生动活泼;学生易于表达上课感想;学生能训练自身表达组织的能力;利于培养学生间的合作精神。缺点体现在容易浪费时间,没有效率;没有重点,偏离主题;教师难以控制秩序;气氛两极化,易受参与学生的影响;学生无法聚焦,对课程内容品质的追求无法达成一致;必须花时间进行事前准备。

第三,个体化的方法,包括程序教学、单元教学、独立设计、计算机教学等方法。优点体现在目的要求明确,便于学生掌握预定的系统知识与技能;便于学生个人学习,适应个别差异,提高学习效率;能及时强化学习的动力。缺点在于不利于培养学生的主动性、创造性;削弱了师生间、学生之间的信息交流。

第四,实践的方法,包括现场和临床教学、实验室学习、角色扮演、模拟和游戏、练习等方法。优点在于能够融情于景,再现现实;增加课堂的趣味性,调动学生的积极性。缺点主要有课堂效率不高;课堂秩序混乱,教师难以控制;个别学生借机说话等。

(二) 我国学者对教学方法的分类

1.李秉德在《教学论》中的教学方法分类

按照教学方法的外部形态以及这种形态下学生认识活动的特点,可以将教学活动中常用的教学方法分为五类。第一类是"以学生语言传递信息为主的方法",是指教师通过运用口头语言向学生传授知识、技能以及学生独立阅读书面语言为主的教学方法,包括讲授法、谈话法、讨论法、读书指导法等。这种方法在我国教学中运用得最广。第二类是"以直接感知为主的方法",是指教师通过实物或直观教具的演示和组织教学参观等,让学生可以利用感官直接感知客观事物或现象而获得知识的方法,包括演示法、参观法等。第三类是"以实际训练为主的方法",是指通过练习、实验、实习等实践活动,使学生巩固和完善知识、技能和技巧的方法,主要包括练习法、实验法、实习作业法。这种教学方法以学生的实践活动为特征,通过实践活动让学生的认识水平得到高层次的发展,将技能转化为技巧。第四类是"以欣赏活动为主的教学方法",是指教师在教学活动中,创设一定的教学情境或利用特殊内容和艺术形式,使学生通过体验事物的真善美,陶冶性情并培养正确的态度、兴趣、理想和审美能力的方法,如陶冶法。第五类是

"以引导探究为主的方法",是指教师组织和引导学生通过独立的探究或研究活动而学习知识,形成技能并发展能力的方法,如发现法、探究法。

2.黄甫全提出的层次构成分类模式

黄甫全认为,从具体到抽象,教学方法可以分成三个层次。第一层次,原理性教学方法。这种教学方法能够解决教学规律、教学思想、新教学理论观念与学校教学实践直接的联系问题,是教学意识在教学实践中方法化的结果,如启发式教学法、发现式教学法、设计教学法、注入式教学法。第二层次,技术性教学方法。这种教学方法,向上可以接受原理性教学方法的指导,向下可以与不同学科的教学内容相结合构成操作性教学方法,在教学方法体系中发挥着中介性作用,如讲授法、谈话法、演示法、参观法、实验法、练习法、讨论法、读书指导法、实习作业法。第三层次,操作性教学方法。这种教学方法是指不同学科教学中针对其特殊性的具体的方法,如语文课的分散识字法、外语课的听说法、美术课的写生法、音乐课的视唱法、劳动技术课的工序法。

除此之外,马玉龙、喻成成对于教师应该如何进行教学展开了研究,并且从互动教学、启发教学、语言运用技巧三个方面进行了介绍,他们对教学方法的研究可以放在任何一个学科中。王晓军对新型的师生关系进行了研究,研究了教师的教与学生的学的特点,并以此为基础,探讨了一些教学方法,这些为教师的教学提供了很好的借鉴。郑妍在《浅谈有效组织课堂的方法》中,提出了五条有效组织课堂的教学方法。很多学者也提出了关于多媒体教学、课堂讨论、课后实践的教学方法。新课改实施以后,很多教育工作者对于提高课堂效率的教学方法进行了研究。陈玉瑜根据几个教学环节,如备课、上课、考核与评价,对课堂教学方法进行了详细的说明。陈小波、徐磊则从转变教师与学生的传统观念这个角度,对课堂教学方法进行了研究,提出要建立课堂改革的质量保障体系。

三、历史教学方法的分类

历史教学方法的生成途径从学科的角度来说主要有两种：一是将教学论中的具有普遍意义的教学方法移植到历史教学中；二是根据历史学科自身特点生成。根据后者创造出的历史教学方法被称为历史学科的教学方法，凸显了历史教学方法中的历史特色。对于如何对历史教学方法进行分类，我国的学者也进行了深入的研究。

王铎全把历史教学方法归为三类：与接收学习相应的教学方法（讲授法是最典型的）、与发现学习相应的教学方法（研究法、讨论法是最典型的）、包含接受学习和发现学习的教学方法（问答法、问题法和叙述法是最典型的）。赵亚夫把历史教学方法分为两类：以教师教授为中心的教学方法（传授法是这种教学方法的典型）、以学生学习为中心的教学方法（以活动教学为代表）。姚锦祥把历史教学方法分为三类：讲谈—接受式、自学—辅导式、参与—活动式。余伟民把历史教学方法分为三类：传统的教学方法（讲授法等）、在传统基础上改进的教学法（讲读法、谈话法、研讨发现法等）、历史教学的新方法（电脑教学法、历史情景创意法、历史研究教学法等）。

到目前为止，没有任何一种教学方法理论被认为是最具权威性的，教学方法的具体分类是随着不同的分类标准或分类依据而不同的。所以，教师应该根据历史教学的具体要求来选择最恰当的教学方法。

四、常见历史教学方法

教学方法具有一定的双向性，包括教的方法与学的方法。同时，教学的实质就在于教师与学生的互动性，如果没有师生双方的相互作用，也就谈不上教学了。因此，如果教与学是相互割裂的，那就无法实现教学研究。只有弄清楚教与学的关系，才能够正确对待教学研究。因此，笔者将在下文对历史的教学方法进行介绍，旨在促进中学生在掌握历史知识的同时，还能够发展自身的智力及能力，使其接受思想教育。

(一) 讲授法

讲授法是教师使用声情并茂的语言来讲述历史知识的一种方法，这种方法有利于让学生了解历史知识的过程与内容，是应用最为广泛的教学方法。在讲述历史知识的过程中，教师还可以培养中学生的观察能力、想象能力、记忆能力以及思维能力等，同时还可以通过教师的解释使学生的思想受到启发。因此，讲授法既可以用来传授新知，也可以用来复习旧知。一般而言，讲授法可以分为讲述法、讲解法和讲读法。讲述法，是指教师围绕教学目标，使用形象、生动的语言，讲授历史事件、人物活动等发生、发展的过程，从而帮助学生建构历史表象、开展思维活动、获得历史知识。讲解法是教师运用说明、分析、论证等方式对历史史实、历史概念、观点和规律等内容进行科学的阐释的一种教学方法。讲读法是学生阅读历史教科书，与教师的讲解互动的一种教学方法。

1.讲授法的优点

第一，讲授法有利于大幅度提高课堂教学的效果和效率。讲授法具有两个特殊的优点，即通俗化和直接性。教师的讲授能使深奥、抽象的课本知识变成具体形象、浅显通俗的东西，从而排除学生对知识的神秘感和畏难情绪，使学习真正成为轻松的事情；讲授法采取定论的形式直接向学生传递知识，避免了认识过程中许多不必要的曲折和困难。在现行的班级授课制里，采用讲授法能保证让大部分学生在短时间内学到数量最多的知识与技能。学生获取大量整体的学科知识，主要是通过有意义接受学习、设计适当的教材和讲授教学实现的。

第二，讲授法有利于帮助学生全面、深刻、准确地掌握教材，促进学生学科能力的全面发展。教材是中学生学习知识的一个主要依据，但是由于教材的编写要受到书面形式等因素的限制，对学生来说，不仅知识本身不易被读懂，其所潜藏的内涵更是不易被发现。而教师能够全面、准确地领会教材的编写意图，吃透教材、挖掘教材的深邃内涵。所以，借助教师的系统讲授和透彻分析，学生才能比较准确地掌握教材。

第三,讲授法有利于充分发挥教师自身的主导作用,使学生学到比教材多得多的知识。任何真正有效的讲授都必定是融入了教师自身的学识和修养的。所以,讲授对教师来说,不仅是知识方法的输出,也是内心世界的展现。它潜移默化地影响、感染、熏陶着学生的心灵。

第四,讲授法是其他教学方法的基础。从教的角度来看,任何方法都离不开教师的讲,其他方法在运用时都必须与教师的讲相结合,只有这样,其他方法才能充分发挥其价值。从学的角度来看,接受法也是学生学习的一种最基本的方法,其他学习方法的掌握大多建立在接受法的基础上。学生只有先学会听讲,才能潜移默化地把教师的教法内化为自己的学法,从而真正地学会学习,掌握各种方法。

2.讲授法的缺点

第一,讲授法容易使学生产生依赖和期待心理,从而制约了学生学习的独立性、主动性和创造性。讲授法源于传统的教师中心论,教师是知识的象征,一切知识得由教师传授给学生,所以这种方法在运用过程中也容易使教师产生重教轻学的思想。教师往往只考虑自己怎样才能讲得全面、细致、深刻、透彻,似乎只有这样,学生才能掌握得越多、越好。长此以往,师生会产生心理定式,学生也会在不知不觉间形成依赖心理,一切问题等待教师来讲解,严重地削弱了自身的学习主动性、独立性和创造性。

第二,讲授法难以估计学生的个体差异,难以实现因材施教。学生之间在心理特征、认知水平、知识水平等方面存在着很大的差异。教师在运用讲授法进行教学时,所采取的是一种集体教学的方式,这种方式忽略了教师无法观察到个别学生接受历史知识困难的现象。

第三,教师讲授与学生活动之间的矛盾。教师在课堂上实施过多的讲授会占用大量的课堂时间,这必然会减少学生的活动时间,而学生在课堂上的活动时间减少,势必会影响对学生探究能力的培养。

3.讲授法对教师语言的要求

在中学历史课堂中,教师的语言需要达到以下四个要求。

第一,要有历史时代感。历史教师的语言主要是为了表达具体的历史内容,而为了让学生感受到真实的历史,教师的语言就必须要与具体的历史时代特征相契合,并且要善于根据不同历史时期的政治、经济、文化、民情、风俗等,使用独具特色的历史语言进行教学。那么,教师如何才能够保证自己的语言具有鲜明的历史特色呢?首先,教师要正确地使用历史概念,不应该将历史上的具体概念与现在的概念混淆在一起。其次,教师要恰当使用原始材料。比如,史书记载的历史人物原话、历史上的诗词歌谣等,可以增强历史的真实感。最后,教师不应该使用现代的术语来讲解历史。为了使教师的语言具有历史特色,教师应该认真准备,并且要注意在平时积累史料,使其不断地融入自己的教学语言。

第二,教学语言要准确规范,保证教学语言的科学性。如果教师的教学语言不够准确的话,学生就很可能会学得茫然,对所学的知识比较模糊,而且教师语言的不规范性也会影响教学内容的表达。教师在讲授史实、结论、概念的时候,要有逻辑性,要避免出现自相矛盾与模棱两可的问题。另外,教师的表述要合乎语法,用词也要精确。教师只有在用词准确以后,才能够正确表达出自己所要表达的内容。如果他们的用词有问题,就会影响学生的理解。

第三,教师的语言要通俗易懂。教师语言的通俗易懂,可以使学生更好地理解教师所表达的内容。虽然教师的语言要具备历史特色,但是不能生涩隐晦,也不能过于高深。教师应该使用通俗易懂的语言来进行授课,特别是在教授心智发育还不成熟的初中生时更应如此。这就要求教师要多用口语,少用书面语言。因为书面语言虽然比较严谨,但是不够活泼、通俗,所以如果教师完全按照教科书进行授课,那么就会像是在背书一样,学生听起来也昏昏欲睡。另外,教师要尽可能使用浅显、贴切的语言来解释一些理解难度较高的历史概念。为了保证自己的语言是深入浅出的,教师在必要的时候可以使用贴切的比喻进行说明。同时,教师要尽可能地少用一些堆砌的词语进行授课,否则很可能会出现言之无物的局面。

第四,教师的语言要生动形象。教师的语言表述应该符合教学的直观性原则。教师应该善于运用生动形象、有趣逼真的教学语言来讲述具体的历史知识,这可以使学生获得身临其境之感,也能够激发出学生的想象,使其对所学知识留下深刻的印象。历史教师应该巧妙地运用语言技术,将一些深奥、枯燥的事理形象化、具体化,将抽象的观点具体化,再现久远的历史事实。从内容上来说,教师的教学要使用通俗、灵活的语言来说明主题;从形式上来说,教师的教学语言要注意语言艺术,也即正确掌握语气语调、语速,使其起伏适当。

(二) 图示法

图示法,也可以称作信号法或图文示意法。图示法是以符号、文字、色块组成的图示来表示历史知识的内在逻辑关系的一种方法。教师可以通过图示法把教学的重点知识进行重新编排处理,形成图示,使有关的历史信息可以更加鲜明简要,知识之间的层次与关系更加分明。历史教材所涉及的人和事很多,头绪很复杂,信息量也相当大,因此,历史教师应对历史信息进行提炼、浓缩、概括集成等加工处理,取其"纲要信息",用简练的语言文字或图示图表传递给学生。图示法通过以图示意、以表解意,并利用各种简明的符号和浓缩的文字,构成清晰美观、通俗易懂的图形表格样式以表述各种概念。它是反映知识之间的联系的一种教学方法。将图示法引进历史教学,不仅丰富了历史教学方法,也提高了历史教学质量。图表优于文字,它形象具体、简洁明了,不需要许多的语言文字说明,使人一看便知。将图示法充分运用到历史教学中去,能提高学生的学习效率,能起到文字所不能起到的作用。它既可以形成知识的整体结构感,又可以加深对历史发展线索的理解,还可以培养学生的综合归纳能力,帮助学生形成正确的历史要领,不断提高学生的历史思维能力。

1.图示法在中学历史教学中的运用

图示法在中学历史教学中有着比较独特的优势:图示法能够在较短的时间内向高中生提供一个比较完整的历史结构。这个结构是十分简明、形象、系统的,它能够调动高中生的感官能力,并且可以加强高中生对历史知识的记忆,激发高中生的历史学习兴趣。

在历史课堂上,图示法的教学步骤主要有:①教师根据教学目标进行生动形象的描述;②教师要展示图示,简明扼要地根据图示介绍历史内容,对图示的思维路线进行强调;③教师讲解完毕后,高中生抄录图示;④课堂小结时,高中生可以根据图示,回忆主要的历史教学内容,并对这些历史知识进行巩固。教师在设计图示时,必须具有科学性和简洁性,从而保证这个图示能够说明比较复杂的历史问题和历史现象。

历史教科书知识容量大、时间跨度长,且又较为深奥复杂,因此,要让学生在听完教师讲解后全部搞清楚是相当困难的。如果教师在讲述历史知识时,能利用图示进行教学,就能使复杂的知识精简化,把烦琐的知识提纲挈领,简明地揭示事件的要点,突显精华,把知识的内在联系通过巧妙的结构安排体现出来。

2.运用图示法时的注意事项

第一,图示设计要简明、形象、科学。图示是对复杂的历史内容的高度概括、提炼,图示可以起到"信号示意"的作用。根据不同的角度,可以将一个历史概念设计出不同的图示,教师应该选择最简明、实用的图示,培养高中生的概括能力、形象思维以及抽象思维的能力。

第二,教师使用的图示符号与格式等应该实现统一,这样便于高中生阅读。

第三,应该将图示法与讲授法结合在一起。图示是对历史内容的概括和提炼,不能代替教师的讲授,所以图示法应该与讲授法配合使用,作为一种辅助的教学手段进行教学。教师只有把图示法和讲授法有机地结合在一起,才能取得良好的图示效果。

第四,使用图示法时应该注意内容的准确性,防止使用错误知识,令学生发生知识混淆和错误。

第五,图示使用适量。历史学习应该是逻辑思维和形象思维的辩证统一。图示旨在表现历史内容的逻辑联系。这就有可能使一些与图示关系不大或者无关的历史知识被漏掉,造成知识的空缺。如果教师在设计图示时,忽略了学生的实际接受能力和所教内容的特点,只贪图形式新颖,在黑板上摆出了一堆图和框,结果不但不能帮助学生掌握历史知识的内涵,反而会使学生越学越糊涂,使原本抽象的知识更加抽象。若只让学生得到图示上的几个干巴巴的线索、结论,则不符合历史教学的要求。所以,教师必须兼顾教学内容的特点和学生的实际情况,在使用时应该适量适时,同时与其他教学方法有机地结合,吸取传统教法中的启发性、生动性、量力性和历史美等原则的精华,使学生在丰富的历史知识中受到启发,上升到理性认识,得到美的享受。

(三)讨论法

讨论法是一种传统的教学方法,是指在教师的引导组织、参与下,由两个或两个以上的学生组成小组,然后就某一个历史问题进行分享与讨论;在这个小组活动中,学生之间就这个历史问题的解决方法可以进行相互批判,通过辩证与分析获取知识,形成历史认识。讨论的目的主要包括四个方面:①讨论法可以帮助参与讨论的学生对正在思考的论题形成更加具有批判性的理解;②讨论法可以提高学生的自我意识以及自我批判的能力;③讨论法可以培养参与讨论的学生对不断出现的不同观点进行正确批判的能力;④讨论法可帮助参与讨论的学生理解外界世界的变化。讨论是实现学生互帮互助、培养学生情感和发展技能的重要手段,教师只有满足以上这几个要求,才能够真正实现民主和谐的历史教学。

1.讨论法在历史教学中的应用

现在有很多历史认识与见解没有形成统一的定论,培养学生的历史思维能力也成了中学历史教学的一个重要目标。教师应该让学生在具体的知识情境中,认真辨析历史史料以及各家观点,使其形成自己的历史认识。在历史教学中适当应用讨论法,有利于确定以学生为本的教学观念,激发学生学习历史的兴趣,并且不断培养与提高学生的口语表达能力与独立思维能力。根据不同的分类标准,讨论法有不同的类型。

从内容上来说,历史课的讨论法有两种:一是在讲授新课的过程中,教师组织学生对教学重点和难点知识进行讨论;二是实地调查或参观访问后,教师组织学生就调查访问中的新发现、新问题进行讨论。

从形式上来说,历史课堂的讨论法有两种:一是全体学生都参与进来的班级讨论,这种讨论方式比较适用于人数少、学生素质接近的小班教学;二是小组讨论,教师将全班学生分成不同的小组,使其以小组的形式展开讨论,这是最常见的讨论形式。有研究表明,如果一个小组内部的人数过多,便会降低学习质量,所以每组5~8人是最为适宜的。另外要注意的是,如果小组成员的个性比较接近,关系又比较亲密,他们就很可能在讨论中展开与教学活动无关的活动,导致讨论效果欠佳。而当学生的性格差异较大时,虽然他们很难形成牢固的小组关系,但是对于一些理解与综合性质较高的题目,讨论效果较好。除此之外,小组领导者对于小组讨论结果有着十分重要的影响,教师可以让小组自选,也可以由教师推荐,师生共同协商决定。在讨论中,教师的主要职责是指导、组织与提供信息,做好课堂小结,同时可以适度参与讨论。

2.使用讨论法时的注意事项

教师在使用讨论法的时候,要注意下面几个注意事项,只有如此才能够保证讨论法的顺利实施。

第一,师生应该做好充分的讨论准备。在开始讨论前,教师作为讨论的设计者和指导者,要设计好讨论的题目,也要想好在讨论过程中可能会出现的突发情况,做好周全的准备。教师应该帮助学生做好讨论前的准备工作,要求学生提前预习要讨论的内容,做好准备工作,查找与问题相关的课外参考资料,提前准备好关于讨论主题的发言稿。

第二,教师是学生讨论的引导者和组织者。教师在讨论时不可以把自己的观点与看法强加给学生,而是要启发、引导高中生对这些问题的积极思考,并且鼓励学生踊跃发言。教师还应该让每个学生都参与到讨论中。

另外,教师还应该控制好讨论的范围、时间和课堂气氛,避免学生在讨论过程中出现跑题、离题的情况,控制好课堂的讨论气氛,可以帮助学生展开讨论,防止浪费课堂时间,避免讨论流于形式或者散漫无序。

第三,教师要提高组织讨论的能力。教师利用讨论法获得良好的教学效果的前提和保证是善于设计问题、解答问题和组织发言等。

(四) 探究教学法

1.探究教学法的定义

探究是多层面的活动,包括观察,提出问题,通过浏览书籍和其他信息资源发现什么是已经知道的结论并制定调查研究计划,根据实验证据对已有的结论作出评价,用工具收集、分析、解释数据,提出解答、解释和预测并交流结果。探究要求确定假设,进行批判的、逻辑的思考,并且考虑其他可以替代的解释。探究性学习指的是仿照科学研究的过程来学习科学内容,从而在掌握科学内容的同时,体验、理解和应用科学研究方法,掌握科研能力的一种学习方法。

因此,可以得知探究法是指教师要善于从情境之中提取问题,催生出学生的好奇心与探究欲,引导学生主动挑战问题,从而使其主动学习、主动思考,并在这个过程中习得历史知识,同时能够提升自己的学习能力,加深情感认知。

2.探究教学法在中学历史课堂中的设计要求

第一,教师要以探究问题为目的。历史探究教学的真正意义在于教师要促使学生主动发现问题、分析问题与解决问题。

第二,教师要以训练学生的思维为核心内容。由于每个人都是不同的,每个学生对历史的认识也是不同的,所以探究历史问题并非是为了寻求一个固定的答案,而是教师要指导中学生利用历史资料,分析历史事件的因果关系,从而训练与提高学生的思维水平,培养他们的历史思维意识。

第三,以学生的自主学习为形式。只有让学生积极、主动地探究历史知识,才能够保证探究教学法在历史课堂中的真正应用,才能够提高学生的理解能力、创造能力等。

第四,教师要以运用史料为条件。中学生认识历史的途径是历史资料,他们获取历史资料的过程也是掌握历史学习方法的过程。在历史课堂中展开探究教学法就是指让学生收集、整理、辨析、推论历史资料,并且将其当作探究论据,以此来解决历史问题。因此,整个历史探究过程都需要历史资料的支持与运用。教师所选择的探究材料要对学生有足够的吸引力,同时,还应满足不同层次学生的学习需要。另外,教师所选择的材料应留有余地,即具有开放性,鼓励学生从不同的角度进行探究。

第五,教师要发挥指导作用。历史探究学习是一种能够充分发挥学生学习的积极性、主动性和自主性的学习过程,学生需要的是教师的指导与帮助,教师的职责是为学生提供帮助。在探究式教学活动中,教师不能够干涉学生的学习思路,而要鼓励学生主动发言。

3.探究法中存在的问题

探究学习,不仅能够转变学生学习历史的方式,还能够通过这个转变彰显学生的个性。然而,探究性学习需要良好的教育环境、教师教学观念的转变以及教师优秀的教学技能等的支持。如果教师依然坚持传统的教学观念,使用单一的教学技巧,那就势必会在实施问题探究法时出现一些问题。

(1)设定的目标不够清晰

学生的情感体验、学习方法习得和知识的获得等都离不开学生的探究过程。但是,问题探究法并不代表一整堂课都需要学生的主动探究。如果将探究贯穿于历史课堂的每分每秒,势必会影响教学进度,还会耗时耗力,使教学目标变得模糊,学生也分不清教学的重点和难点,从而使高效变低效。这样一来,学生的探究热情也会逐渐被消磨殆尽。

(2)探究流于形式

在现在的历史教学活动中,学生所展开的探究活动并非是他们必然感兴趣的问题,也并非是能够与他们认知结构产生碰撞的问题。这导致了问题探究活动流于形式,教师所设计的提出假设的环节也只是走个过场,学生假设求证的过程也在教师的引导下变成了证实某个结论的活动。从探究本质上来说,这种探究活动是没有意义的。同时,即使一些教师在历史课堂上利用计算机课件进行辅助教学,那也是以教师的教为主的,也属于直接教学。这些教学活动都不属于探究式教学。

(3)忽视提炼

在教学中,问题探究学习活动低效的原因在于教师在引导学生提炼知识时出现了一些教学误区,主要有以下几点。

第一,忽视推广。没有及时从具体的新知识出发,也没有思考这个探究活动能够得出什么结论。

第二,忽视概括。没有及时概括与总结新知识与原有知识的衔接,对于新知识与原有知识之间的内在联系与学习规律的总结不到位。

第三,忽视创新。忽视了在新知识与原有知识之间建立新的联系,也没有思考这个探究活动是否与其他新知识有关系。

第四,忽视迁移。忽视了将原有的认知规律迁移到与其密切相关的新知识之中,或者忽视了将新知识纳入学生原有的知识体系之中,忽视了运用新知识解决实际问题的能力培养。

第五,忽视激活。忽视了补充、归纳、整理、领悟新知识及其规律,使学生被动运用知识,不能灵活掌握知识、迁移知识。

4.运用问题探究法的策略

要想解决问题探究法中的问题,教师就需要不断更新教学理念,调整自身的教学策略和教学方法,真正让学生能够通过探究来获取知识实现能力提升。总体来说,教师可以从以下几个方面来把握问题探究法的教学策略。

(1)提出问题

问题是问题探究法的起点,在提出问题的时候,教师要考虑学生的"最近发展区",只有符合这一特点的问题,才能够在学生的新知识和原有知识之间建立认知冲突,从而使学生进入"心愤而口悱"的状态。问题的难度要大于学生的个人学习能力,这可以促进合作探究的实现;问题要通过学生的合作探究得出答案,保证小组合作教学的成功。一个有价值的问题可以引发全体学生的探究欲望,这是蕴含着不解、猜测以及思维的活动。而探究欲望可以让历史课堂"动"起来,体现师生教学的活力。

（2）做出假设

假设是一种猜想,是对问题的答案或结论的推测,这可以为学生解决问题指明方向,也是问题探究法的基本环节。假设除了包含直觉的判断之外,还包括理性的思考,它是学生展开有效探究活动的开端。假设与猜想,可以让学生将事情的来龙去脉掌握清楚,能够大大提高学生的抽象概括能力、直觉思维能力等。

（3）亲身体验

探究学习强调的便是学生的亲身体验与感悟。在探究中,学生亲身经历提出问题、提出假设、提出推断进行检验、小组交流教学评价等多个环节,展开有效的分析、综合、比较、抽象、概括等活动,能够建立起真实而丰富的认知体验,从而深刻认知相关知识。

（4）提炼学习规律

探究学习的价值,并非只是为了解决具体问题,而是希望学生能够在探究中获得发展。而最重要的一点是学生要学会提炼认知规律,教师要指导学生在新知识与原有知识之间建立联系,并进行归纳、整合,从而注意规律的特性,使隐性规律显性化,从而拓展探究成果。

（五）情境教学法

历史情境教学法是教师根据教学目标以及教学内容的需要,借助一定的教学手段,模拟创设历史场景或历史情境,让学生可以融入情境进行历史体验,并且可以围绕具体的历史材料展开积极的思维活动,可以培养与发展高中生历史思维能力的一种教学方法。情境教学法是指历史教师根据历史的过去性、复杂性、社会性等特点在教学过程中综合运用多种教学手段,积极创设历史情境,将历史"复原",使那些久远的、陌生的历史"重现"在学生面前,以鲜明的导向烘托气氛,营造情境,寓教于"情"于"境",使学生在身临其境、心感其情的状态中达到主动地学习历史知识,发展分析、解决问题的能力,提高思想觉悟的一种教学方法。

情境教学法以历史教学内容为依托,以教学目标为导向,以教师为主导,以学生为主角,综合运用形象讲述、实物展示、图像再现、情景创设、课外模拟等多种教学手段,把枯燥、干瘪、抽象的知识变成一幅幅真实的、有血有肉的历史画卷,活灵活现地展现在学生面前,使学生在"耳濡目染"的历史事实中,加快接受速度,对史实掌握得更深刻、更透彻、更准确。在直观感性的基础上易于培养抽象思维,逻辑思维,灵活地运用知识分析材料、归纳提炼观点的能力,即在思维上由形象思维向逻辑思维转化,在智能上由掌握知识向创新知识转化。同时,能激发学生的学习动机和求知欲,培养学生实事求是、独立思考、勇于创新的科学精神,促进非智力因素的发展。学生在"当时"的历史氛围中,将主观情感移入认识对象中去,能达到主动体验历史的目的,增强识别美、丑的能力和客观评价历史事实、培养爱国主义的真挚感情,树立为真理而献身的精神。

第四节 历史核心素养下历史课堂的功能

历史核心素养下的历史课堂主要有三大功能,一是社会教育功能,二是育人功能,三是人文素养与科学精神培养的功能,分述如下。

一、社会教育功能

(一) 识鉴功能

识鉴即认识、借鉴,我们首先要认识历史,才能借鉴历史,认识功能是基础,借鉴功能是目的。历史是对过去的一种认识过程。运用历史唯物主义可以透过复杂的历史事件揭示历史发展的基本规律,抓住事物的本质,以更好地认识世界。学习历史的目的是更好地认识现实。认识历史有利于帮助学生总结经验教训,也有利于人们自觉推动社会的进步。实际上,对现实准确地把握,正是建立在正确认识历史的基础之上,没有正确的历史认识,也就谈不上真正的把握现实,更谈不上正确的改造现实。学生通过学习历史可以了解历史人物的成败得失,有助于培养他们分析问题解决问题的能力;理解社会发展规律,增强认识与改造社会的能力;明辨是非善恶,增强理性洞察力;培养其科学意识,树立正确的世界观。总的来说,学生认识能力越强,越有利于认识世界,利于自己以后各方面的学习。

认识是为了更好地借鉴。"前事不忘,后事之师",历史为人们的实践活动提供经验。历史不能重演,但是可以被借鉴。"以史为鉴"是我们中华民族的优良传统,总结历史经验,是为了避免后人重蹈覆辙,在学习相关经验之后能够少走弯路,避免错误。"殷鉴不远,在夏后之世",人类就是在不断总结前人往事的经验教训中,不断地向前发展。这种历史意识从古代贯穿至现代。因此历史教学对当下学生的学习至关重要。我们学习历史并不是简简单单记得几件历史事件,几个历史人物。了解历史,反思过往,鉴古知今,把握历史发展的规律,担负起时代赋予我们的责任,这才是历史学习的意义所在。并不是所有历史人物都是轰轰烈烈的,一些历史人物虽然没有惊人的历史事迹,没有惊天动地之举,但他们无私无畏、刚直不阿的精神同样值得我们学习。学生通过对这些优秀的历史人物的学习,能更好地激发学生求学的动力。

(二) 保存与传递文化的功能

在历史长河中,中华文化以其丰厚的精神滋养促进了中华民族的繁衍生息,并不断壮大。而在今天,中华民族的灿烂文化同样也是实现中华民族伟大复兴的源动力。我国高度重视优秀传统文化的传承和发扬,要求甄选鉴别、取其精华,促进传统价值理念、道德规范与现代社会、现代文化相适应、相协调,推动传统文化的创造性转化和创新性发展。历史学科是一门综合性很强的人文学科。通过高中历史的学习,学生不仅可以认识社会发展的规律,还能继承优秀的传统文化,弘扬民族精神。人类的文化是在历史的积淀中发展起来的,无论精神文化还是物质文化的传承都需要历史这门学科的参与,正是历史本身的保存与传递功能,才使得我们的民族文化能够源远流长。中华民族在五千多年的历史长河中经历了多次战争灾难,然而中华民族时至今日仍然能够屹立于世界民族之林正是得益于我们传递文化的传统。所以我们才要更好地学习历史,吸取和借鉴世界各国、各民族优秀的文明成就,提高我们的文化修养,为祖国发展贡献自己的一份力量。

(三) 知识沟通功能

历史研究是一切社会科学的基础,其与各学科在知识上相互联系,教学中相互渗透。历史学科的教学内容具有广阔性、联系性,因此其总是和其他学科知识相互作用、相互关联的。现今社会中的众多问题大部分不是单独存在的,而是有着一定的联系的,单靠某一学科是无法彻底解决问题的,也不利于学生日后的发展。历史教学作为基础教学,在日常课堂中可以通过加强学科间的教学联系,拓展学生的知识面,培养学生综合运用多种知识解决问题的能力。我们生活在一个日新月异的时代,科学化程度日益提高,与此对应的教育事业要学会采用全面的、多学科或跨学科的新方法来帮助学生面向未来。不同学科的特性与课程标准决定了学科教学中存在交叉点,交叉学科的立足点在于历史。历史学科涉及多方面的社会生活,历史知识的获得可以促进其他学科知识的进步。历史课堂除增加历史知识外,还能提高认识问题的能力,加强各门学科的联系。因此历史学科是沟通各门学科的桥梁,具有知识沟通的功能。

(四) 爱国主义思想教育功能

在课堂中通过对历史知识的学习发挥历史教学的功能,使学生形成历史使命感和社会责任感,培养他们的爱国主义情感、弘扬爱国主义精神。历史课程的设置与编制将正确的思想导向和价值观融入课本。教师在课堂教学中引领学生通过历史学习,增强学生的历史使命感,认同社会主义核心价值观。习近平总书记提出的"五个认同""四个自信"对学校教育工作具有十分重要的指导作用。同时这也是高中历史课程的教学理念和教学任务,有利于引领教育工作核心导向,历史教学能够在这方面发挥自身特有的爱国主义思想教育功能。历史课本作为情感交流的纽带,蕴藏着多种爱国主义素材。

(五) 公民教育功能

公民教育应当是使越来越多的人具有权利和责任意识、形成理性和自主意识、完善公共精神和参与品质、具备民主开放的心态以及拥有完全独立人格的教育。历史学科是人文学科的核心,拥有丰富的人文内涵,而人文精神的核心又是谋求社会公正的实现,这就决定了历史教学是公民教育的主要载体。随着市场经济体制的建立、社会民主政治建设的需要,公民教育得到了快速发展。公民教育中必不可缺的一部分就是历史教育,换句话说,历史教育承担着公民教育的重任。历史不是单纯的教育学科,而是立足现实,探究过去,展望未来的。这一特殊的学科优势为公民教育提供了充足的历史素材。我们在学校教育中应该培育学生的公民意识和精神,从而实现历史学科的公民教育目标。历史课程应以培养适应现代国际社会所需要的公民的基本素质为主,强调学生的社会发展,从学生的学习出发,突出基础知识、学科能力和现代公民的价值观念。

二、育人功能

教育的最高使命在于育人,使人走向完整和健全,一切教育内容都要服务于这个价值。历史学科的教学也同样承载着这个使命和育人功能。

(一) 德育功能

德育即育德,也就是有意识地实现社会思想道德的个体内化,或者说有目的地促进个体思想品德社会化。那么什么是德育功能呢?德育的功能,即能满足学生的道德要求,启发学生的道德觉醒,规范学生的道德实践,引导学生的道德成长,培养学生的健全人格,提升学生的人生价值与社会理想。在高中历史教学中孕育着非常丰富的德育资源,因此德育功能在历史教学中非常重要。现在的青少年物质生活极其丰富,却缺少一定的精神生活。因此在日常历史教学中渗透德育教育是必然选择。这既是新课改的内在要求,也是当今社会人才培养的重中之重。

(二) 智育功能

智育是一种传授学生系统文化知识和技能,发展学生智力和能力,同时更加强调智育的目的性、计划性和组织性的教育。我国传统教育认为读史使人明智,这是我们传统意义上所理解的历史的基本功能,也是历史教育的核心功能之一。历史教学的智育功能,以传递知识、促进学生的智力发展和提高受教育者生存和生活的能力作为教育的目的。人类社会的快速发展,与对知识的重视、智力的培育息息相关。我国从古代社会即明白智力教育的重要性,从春秋战国时期的六艺、私学到后来的太学、科举都表明古代统治者对知识、智力的重视。21世纪以来世界各国对人才又提出了更高的要求,由于智育具备传递知识和能力的功能,越发受到教育工作者的重视。我国在世纪之交适时提出了"科教兴国"战略,把人才的培育放在首位,对学生智育功能的培育就显得尤为重要。在社会飞速发展的今天,历史学科以其包罗万象的知识特点当仁不让地成为学生智育发展的主要载体。中学阶段的主要任务是知识的获得,主要是从社会实践和课本中得到。中学教育以智育作为目标之一,有利于促进中学生学习各学科的专业知识,培养各种技能,提升中学生的智能。随着科技的飞速发展,中学生的智育教学将会发挥越来越重要的作用。但在实际教学中也不应过分强调智育的作用,应该把学生知识的获得、情感的培育放在一起发展。简而言之,就是德育、智育功能协调发展。通过丰富智育的形式,寓德育于智育中,寓德育于日常教学中,促进中学生道德情感的提升,将认知和情感相结合,智育与德育相结合。智育与德育、美育一样,是高中阶段教育的主要内容,同样也是高中历史学科教学的目标之一。

(三) 美育功能

美育是以艺术美、自然美和社会生活美为基本内容,培养学生认识美、欣赏美和创造美的能力的教育。作为基础教育的历史学科具有审美价值的同时也承担着对学生进行美育培养的任务。在客观世界中存在着大量关于美的事物和现象,并且这种美是可以被人们认知的。历史学科作为人文学科的核心,其主要任务之一就是要教会人们惩恶扬善、分辨美丑。在历史教育功能不断深化的今天,美育功能作为一种情感教育使学生学会认识、欣赏美,有利于形成健康的审美思想,促进学生的全面发展。

高中生处于思想逐步完善的关键时期,在历史教学中运用教材对学生进行美的教育,使他们形成正确的审美观,可以丰富他们的情感生活。美育素材在课本中有很多展现,历史中蕴藏着深厚的美育素材,对学生良好品德的形成、创造力的提高、深化社会认识起到了推动作用。自新课程改革以来,中学历史教科书中增加了丰富的图像资料,展现出了一系列的自然美、社会美、艺术美、科学美,为美育目标的实现起到了推动的作用。美育的功能是多样的,在历史教学中美育可以起到道德感化、丰富情感、完善人格和维持心理平衡的作用。

(四) 健全人格发展的功能

人格是个体(人)心理、生理、志向、兴趣、爱好、能力、气质的集中表现。健全的人格落实到个体具体实践中就是个体在教育的濡染下对真、善、美的认知、感受、体悟与践行;是个体需求与社会需要、传统文化熏陶与现实时代需求的高度统一。教育的首要功能是人的发展,历史学科作为人文教育的基础学科,以其丰富的人文内容及培养发展学生适应能力对人格的培育、健全具有重要意义。高中历史教学不应以知识传授为唯一目标,应该把重心转移到对学生人格的培育和发展。中学时期是人生发展的关键阶段,人格在这时逐渐成形,这一阶段也是学生人生观、世界观、价值观形成的重要时期。通过历史教学使学生在潜移默化中受到情感熏陶,逐渐塑造学生的健全人格,这正是历史教学的应有之义。中学生健全人格的形成,是历史教学的功能得以运用的必然结果。

总之,高中历史课程的育人功能是德育、智育、美育等的有机结合,根本目的是立德树人。因此,不能把德育和智育、美育孤立甚至对立起来。高中历史课程是促进学生德、智、美等方面人格健全发展的课程,在提高现代公民的人文素养和科学精神方面发挥着重要作用。[①]

三、人文素养与科学精神培养的功能

新课改在思想教育目标中改变了以往单纯政治教育的层面,注重人文素养和科学精神的培育,把历史教学的政治教育功能、社会教育功能与人的发展教育功能结合起来。

(一)人文素养

人文素养是指通过人文学科知识的学习和积累或环境的熏陶使之内化为人格、气质、修养,成为相对稳定的基本品格和基本态度,使个体能够正确处理个人与个人、个人与社会、个人与自然的关系,让自身在道德、智力、情感等方面得到和谐发展等。历史学科是人文学科的核心,在人文素养培育方面具有其他学科所不能具备的功能优势。一方面历史教学是人文素养的主要培育渠道;另一方面,人文素养是历史教学的灵魂。在历史教学中,教师应充分重视并发挥历史教学对促进学生人文素养形成的重要作用。历史教育自古以来就有立德育人的传统,历史上优秀人物所具备的人文精神在今天仍然可以启迪和帮助学生陶冶情操。中华民族有五千年的璀璨文化,其中包含着大量的传统优秀美德和高尚情操。在历史教学中所依托的历史课本充分吸收了这些营养,因而历史课堂成为培育中学生人文素养的主要场所。我们在历史课中可以学习到岳飞精忠报国的爱国情怀、陶渊明不为五斗米折腰的高尚情操、季布一诺千金的信义、勾践卧薪尝胆的坚持、苏武牧羊的气节操守等,这些历史人物的美德对于时下中学生人文素养的形成具有重要作用。

在经济高速发展的今天,人才是一个国家快速发展的基石。那么

---

①郭雪梅.落实历史学科核心素养的课堂教学策略[J].科普童话·新课堂(下),2019 (08):136.

培养一个合格的人才就成了教育共同的话题，不同于以往单纯智育或者德育的培养，现在需要的是一个全面发展的人。历史课程以其独特的人文素养价值在促进学生德、智、体、美、劳方面发挥了不可替代的作用。它以其丰富的人文素养为中学生的成长提供充足的精神食粮。注重培育学生的人文素养不仅仅是适应时代的需求，更是学生全面发展的要求。现在是一个知识爆炸的时代，知识的更新速度很快。因此，历史教育必须重点培育学生学会学习的能力，学习的方法，更重要的是使学生养成良好的心理素质和优秀品德，形成综合的文化素养和个人修养。高中阶段，是青少年身心发展的关键期，为了学生的终身发展考虑，中学教学更应该在身心两方面下功夫。对于中学历史教育工作者来说，如果不能在未来人才培养方面塑造人才良好的人文素养，那么教育工作无疑是失败的。中学历史教学应大力培养人文精神，促进学生全面发展，终身发展。

(二) 科学精神

科学精神是人类在长期的科学探索和获取科学成就的过程中形成的共同信念、价值标准和行为规范的总称。它包含了探究精神、实证精神、理性精神。科学精神培养是历史课程价值观教育的基本内容之一。历史学科自身蕴藏着丰富的科学精神教育素材，有利于提高中学生的科学素养。高中历史教师要意识到历史学科所具备的这一特殊教育价值，发挥其对学生进行科学精神培育的优势，使历史教育功能发挥应有的作用。在历史学科的科技史教学中，我们知道了居里夫人在简陋的实验室里经历重重实验，终于发现了放射性元素镭；哥白尼自制天文仪器观察天体，花6年时间写出《天体运行论》，即便面临生命危险仍然捍卫"日心说"；也有牛顿的万有引力、爱因斯坦发现相对论等数不胜数的例子向我们证明了科学不仅伟大更需要不畏艰难的勇气和决心，勇于创新、攀登高峰。历史学习过程中还要求学生除了掌握基本科技知识外，还要能够养成严谨的科学态度，求真务实的精神，更需要注重引导学生形成理性思维的习惯，敢于质疑，养成自主探究的精神，以此提高自己的科学精神素养。

历史学科是科学性和人文性的综合体,即具有客观性,又有人文价值。历史学的科学性体现在客观史实的求真,历史学的人文性体现在对这些史实的分析和认识上。素质教育是以人的发展为本的教育价值取向,着眼于人的全面发展和整体发展,其中特别强调人文精神和科学精神在教育内容中的整合,使教育目标和教育功能的整体性能够通过教育内容的整体性得以很好地实现。人文素养凝聚着整个人类社会的根本精神,是一个综合概念,包含着道德精神、体育精神、艺术精神等,科学精神理应亦包含在其中。科学精神旨在促进人类文化的更好更快发展,体现了以人为本的人文内涵,也就是说科学精神是人文精神的外在展现。学习科学知识需要良好的人文素养为前提,而科学素养的提高也同样要求学习者有较高的人文素养。在具体的高中历史教育中,教师担负着培养学生的科学精神与人文精神的双重责任,我们应该主动地将科学精神与人文精神结合起来,对中学生的成长能起到积极的作用。历史教学应以人为本,充分发挥其在科学精神和人文素养方面的教育功能,科学精神教人求真务实,人文精神指引人心。总之,历史教育教学通过科学精神与人文素养的统一,把两种教育功能转化为学生的内在精神和外在素养,使学生获得全面发展。

第二章 基于核心素养的历史课堂教学策略

第一节 核心素养下的历史课堂开放性教学策略

高中历史开放教学的实施具体到真实的课堂教学中主要是在教学主体、教学过程,教学内容、教学方法、教学手段、教学评价等方面,在遵循教学规律的基础上,实施全方位开放。

一、开放教学思想

传统课堂是教师的独角戏,但开放课堂绝不是学生的独角戏。开放教学是一种"教师点拨启迪、学生自我发展"的一种教学方法,在具体实践中需要教师和学生共同参与,教师主导控制课堂,学生则积极主动地探索学习,教师和学生都是课堂的主体,因此开放教学需要教师和学生都具备开放的思想和能力。

(一) 教师转变传统理念,重新定位职业发展

从教师角度来讲,开放教学的第一步就是让教师改变传统的教学内容、方法与思想,树立起开放的教学意识,以培养学生的核心素养作为最终的教学目标。教师要不断加强教育理论学习,拥有现代教学观念、素质教育思想、现代教学理论,打破传统教学中"教师主讲、学生主听"的教学模式,学会主动培养学生的主体意识,积极引导学生自主学习,鼓励学生参与教学实践活动,在师生、生生的相互交流和学习中使学生完善自我、拓展自我、实现自我。第二步就是让教师具备让教学开放的能力,教师若具备让教学开放的能力,他们就能开放想象,即

使再烦冗复杂的内容也能分工、分途径完成。教师开放教学能力主要表现在专业基础知识能力、组织教学能力、语言表达能力等方面,具体到实践教学中就是教师能灵活采用多样化的教学方式和方法进行教学,充分利用多种历史信息资源,突出历史教学的特点,在教学过程中能够随机应变的处理突发事件,做到收放自如,让历史开放教学按计划有序地进行。

(二) 学生改变学习态度,挖掘发展潜能

从学生角度来讲,实现开放教学需要学生具备开放的学习思维。在传统教学中,学生一般采用机械的学习方式,尤其是在文科学习方面,在上课时不积极融入课堂,认为学习内容只需死记硬背即可,然而这种学习方式已经不适应当下的考核方式了。近些年来,历史教学和历史高考试题逐渐偏向灵活,单单掌握教科书中的知识已经不能满足学生的需要,在这种情况下学生应该改变学习态度,在上课时主动思考,树立主体意识,挖掘自己的潜能,培养自己独立思维能力、主动学习能力和开拓创新能力,进而实现核心素养的培养。

教育不单是指导受教育者接受教育,教育者自身也在教育受教育者的过程中受到教育。开放教学需要教师和学生共同配合完成,教师改变了传统的教学理念,重新规划自己的职业发展方向,学生改变了传统的思维方式,改变了对历史课枯燥、乏味的认知,两者相互促进,在宽松、和谐的教学环境中共同成长。

二、开放教学内容

(一) 打破界限,挖掘历史学科与其他学科的联系

历史科学知识是包罗万象的,自然界和人类社会一切事物发生和发展的过程,都是历史科学研究的对象。中学历史知识依托于历史科学知识,自然综合性比较强,具体到高中教学内容,历史知识还具有跨学科特性,它与语文、数学、外语、政治、地理、物理、化学、生物等各学科都有或多或少的联系。过去的历史课比较闭塞,没有开放与其他学科的联系,考试内容也比较单一,但近年来历史测验越来越开放,侧重

考查学生对文科各学科整体知识把握的能力和综合分析问题的能力，因此，实现教学内容全开放，在高中历史的教学中融入其他学科的内容是很有必要的。历史向来就有文史不分，政史不分，史地不分之说，因此这里探讨的历史与各学科的融合主要体现在语文、政治、地理等文学科目。

1.历史学科与语文学科的联系

常言道"文史不分家"，历史与语文学科作为文科类的最传统学科，早在先秦时期就相互融合，密不可分，两学科之间存在很多共性。在高中历史教学中加强与语文学科的联系，能够将深奥的历史知识变得生动，帮助学生加深对教材的理解。比如，在学习儒家思想的形成时，可联系语文中学习的《论语》《孟子》知识来理解儒家的思想，能更清晰地认识孔子、孟子、荀子的主要思想主张。另外用文学性的语言讲历史可调动学生学习的积极性，能够让学生与历史事件产生情感共鸣，培养学生的家国情怀。比如在讲维新变法时，教师可朗读谭嗣同的《狱中题壁》，"望门投止思张俭，忍死须臾待杜根；我自横刀向天笑，去留肝胆两昆仑。"让同学们体会到维新变法的艰难和正义，对近代中国的社会状态有更深刻的认识，论古思今，激发学生的爱国热情。大部分历史试卷的最后一道题多为小论文，这是对学生文史综合能力的一个考核，主要考查学生的史料实证和历史解释能力。这类题与语文写作有异曲同工之妙，都需要较好的材料分析能力和书面表达能力，先分析题目，列出答题框架，写出提纲，最后结合所学知识完善回答。在做这类题目时，要发挥学习的迁移能力，触类旁通，同时也有助于提升学生的史料实证和历史解释核心素养。

2.历史学科与政治学科的联系

政治和历史都是研究人类社会发展的特征与规律的学科，两门学科之间的关系从来不是割裂开来的，当前的政治既是将来的历史。在高中历史教学中，将相关政治理论运用其中，有利于学生对历史背景的整体把握，了解一定的史实基础，也有利于培养唯物史观核心素养。比如在讲人教版高中历史《开创外交新局面》这一课时，就可运用政治中的哲学思想历史唯物主义理论——经济基础决定上层建筑,帮助同学理解20世纪70年代中国开创外交新局面的原因,也可以把政治课中学到的新时期中国面临的国际环境与历史课中的新时期中国调整外交政策联系起来,使同学们对国际社会有更清晰的了解,知道中国走和平发展道路的原因,增强学生的爱国主义和国际主义情感。学习中国经济体制改革时,可以联系政治中社会主义市场经济的相关知识理解中国经济体制改革对国民经济发展起了怎样的作用,加深学生对党的改革开放的路线和方针的理性认识。

3.历史学科与地理学科的联系

在人类社会历史发展的进程中,地理环境是非常重要的条件之一,它制约、影响着人类社会发展的历程。所以在高中历史教学中,联系地理学科中地形、气候、位置等知识去分析各种历史现象,可以激发学生的探究兴趣,提高学生解决实际问题的能力,也可以培养学生的历史时空观念。例如《开辟新航路》这一课,时间跨度大,空间范围广,涉及欧、亚、非、美洲广大地区,学生理解有一定难度,教师可以利用地图让同学们直观感受迪亚士、哥伦布、麦哲伦等人的航海路线,通过地理知识分析新航路的影响。在学习开辟沿海经济开放区时,可用地理知识中的城市区位因素进一步分析,有利的地理位置、海陆交通、气候条件、丰富的物产资源等因素成为中国选取沿海城市作为经济开放区的主要原因,而经济开放区的设立也促进了本地的发展,带动了内地市场的开发。

高中历史学科难度加强,因此在教学过程中以历史为依托,开放与各学科之间的关系,加强与语文、政治、地理学科知识的渗透,使历史内容更为丰富多彩,有利于学生从多角度学习历史知识,还可以培养学生的核心素养,使学生对历史知识具有更完整的认识,尊重历史的整体性。但是在研究开放历史与其他学科的联系时应坚持适度原则,应该从历史出发最后又回到历史,既要跨得出去又要收得回来。[1]

---

①祝曙光,黄阿明主编.历史学科核心素养培养研究[M].武汉:武汉大学出版社,2017.

(二) 放眼现实，加强历史课堂教学内容与社会生活的联系

学习历史是一个从感知历史到不断积累历史知识，进而不断加深对历史和现实的理解过程，历史课堂教学应该多与现实生活和时事联系起来，不仅能够帮助学生理解历史问题，还可以利用所学历史知识分析解决现实问题，让历史在课堂教学中焕发生活的气息和生命的活力，真正实现培养人的目标。但是长期以来历史课堂教学把历史教科书中的内容当作模板去教授，习惯于让学生去记忆和背诵历史课本内容，这样不仅使学生对历史学习感到非常枯燥，而且会形成学习历史就是背诵历史的错误观念，认为历史就是时间、地点、人名和事实的代名词。

在核心素养的要求和开放教学的理念下，高中历史教学的目的不再是要求学生一味地提高成绩，而是通过历史学习为学生创新思维的发展和综合素质的提高创造条件，让学生更好地认识生活、学会生活、服务生活。教师有意识地将现实生活、热点话题、当前时事与历史知识有机地结合起来，从学生熟悉的身边事物入手，从学生生活经验和知识背景出发，在教学过程中对教学内容进行教学情境创设，在课堂中给学生创造表现自我的机会，倡导学生自主学习、合作学习、探究学习，鼓励学生大胆质疑，让学生最大限度地走入历史，体会历史，引领学生进行历史求知与现实生活的直接对话，这样不仅调动学生学习历史的积极性，使学生对历史学习产生浓厚的兴趣，也有利于实现历史学科的价值。比如在讲《夏、商、西周的政治制度》这一课时，需要学生透彻理解并熟练掌握，但是因为年代久远以及现实关联度等原因在教学过程中很难让学生产生共鸣，学生在掌握这个知识点时会倾向于机械性记忆，不能灵活地理解和掌握。因此在教这一课时教师可以通过类比的方式来讲解，这样学生对该课的理解就会容易、透彻得多。

(三) 以史为鉴，传承中华民族传统美德

中国是有着五千年文化的文明古国，在悠久的历史发展过程中无数的中华儿女孕育出了优秀的中华民族传统美德，比如仁爱孝悌的道德情操，精忠报国的爱国精神，勇毅力行的坚定信念，修己慎独的高尚

品质,克己奉公的奉献精神等优良品质都可以从历史教科书中找到原型。家国情怀是历史五大核心素养之一,也是高中历史教学中的重要内容,但是传统的历史教学教师大多重视历史知识的传授,忽视对学生道德素养的培养,忽略了历史的教育价值,如今社会发展需要的是综合性人才,传统教学方式培养出来的应试型人才已经不能适应社会发展的需要,教育改革势在必行,而开放教学不仅注重培养学生的文化素养,还培养学生的家国情怀,具体表现在以下方面。

历史教科书中蕴含着丰富的中华民族传统美德,在开放教学的理念下,教师会根据充分发掘教材中的这些内容,启发学生积极思考,从具体、生动的历史材料中悟出情感真谛,培养学生的家国情怀;历史教科书中有很多历史知识和人物事迹,体现了爱国主义情怀;中国古代的四大发明、辉煌灿烂的文学、充满魅力的书画和戏曲艺术这几课都表现出中华文化的博大精深。教师在讲授到相关章节时,要适时渲染课堂气氛,引发学生产生民族自豪感,对祖国充满自豪。除了历史教科书,教师还可以充分利用历史资料、组织课外活动等更真实、更直观的方式让同学们认识历史,通过直接体验更能激发学生爱国热情,起到更深刻的教育作用,在潜移默化中培养学生的道德情感,实现历史教育的价值,培养学生的家国情怀。

历史学科是对学生进行德育教育的主阵地,要在历史教学中渗透德育教育还有很多途径和方法可以创新和尝试,但是教师一定要把握好程度,不能脱离史实的大谈特谈思想教育。教师要认识到这一点,主动、适当地开放教学内容,把历史知识与德育教育有机地结合起来,在培养学生学科能力的同时能够让学生继承中华民族的传统美德,提高学生的核心素养。

三、开放教学手段

(一) 利用网络多媒体资源,提高课堂效率

传统教学由于条件有限,教师教学内容大部分来自教材,学生接触到的教学资源非常有限,对历史知识认识不够深刻,学习兴趣低,课

堂教学很难体现学生的主体作用,而网络多媒体的出现丰富了课堂教学内容,能够给学生提供丰富的史料资源,恰当地解决了这个问题。网络多媒体教学资源主要包括文字、图片、录音、视频、时事新闻等内容,它既向教师开放,也向学生开放。教师不仅可以将课外教学资源通过多媒体设备运用于课堂教学,提高课堂效率,也可以引导学生利用网络工具查询历史文献,获取最新的史学信息,拓宽学生的历史知识面,激发学生的学习兴趣,培养学生的唯物史观、史料实证和历史解释等核心素养,为学生的主动学习提供了有利的条件和广阔的空间。

开放教学主张拓宽学生的历史知识面,加深历史学习深度。传统历史教学教授的历史知识仅限于历史教材,讲授的多是一些基础性的历史知识,学生对很多历史事件的理解都不够深刻。开放的高中历史教学倡导对多媒体教学资源进行全方位的开放,首先教师可以带领同学们阅读专业史学文献,教会学生从初步理解史学文献的表层含义到知道该如何根据史料综合运用自己的知识和技能回答历史问题,探究历史现象背后的深刻含义,培养学生独立思考历史问题,确立客观的历史结论和观点的能力;另外教师还可以引导学生写历史小论文,让学生在课余时间利用网络搜集与课题相关的历史文献,简单论述自己的看法和见解,形成书面小论文,在上课时与同学们共同探讨,这样做既锻炼了学生的主动学习能力和语言表达能力,培养了他们的史料实证和历史解释核心素养,又让学生多方面了解历史知识,走出历史教材的禁锢,对历史知识也有了更多更深刻的见解。

开放网络资源可以帮助教师在教学中快速地突破教学重难点,提高课堂效率。传统的课堂教学以教师的讲述为主,形式比较单一,对于一些历史重难点光靠教师单方面讲授,学生很难使学生理解透彻,课堂效率也因此会比较低。多媒体教学可以综合运用文字、视频、图片、录音等信息途径,从听觉、视觉等方面引起学生的注意,使一些抽象的知识通过多媒体用图示观察法、直观了解法、图表归纳法等变得直观而形象,促进当生对所学知识的理解。比如在对古代的政治制度进行复习巩固时,会让同学们区分分封制和郡县制、宰相制和内阁制、内阁和军机处的相同点和不同点,但是这些制度的内容非常相似,容易混淆,教师需要利用多媒体进行图表归纳法进行对比,迅速、直观地展示出不同政治制度的相同点和不同点,使同学们对复杂的知识点一目了然,不仅方便学生去记忆,还可以节省大量课堂时间,提高课堂效率。

(二) 走进本地历史遗迹,感受历史底蕴

教科书虽然是学校教学中重要的和基本的教学材料,但不是唯一的教学材料,充分利用和开发历史课程资源,有利于课程目标的实现。高中历史的乡土资源非常丰富,它是历史教学的一个重要组成部分,是历史教材内容的重要补充,有助于学生理解和掌握历史知识,感悟历史情感。乡土资源包括社会人力资源、家庭资源、历史遗迹、博物馆、档案馆、风俗习惯等,每个地方都有自己独特的乡土资源,在高中历史教学过程中,教师可以利用本地优势,开放学生学习历史的形式,让学生走出课堂,在课外获取历史资源,亲身感受深厚的历史底蕴,从而产生对家乡、对祖国的情感认同和心理归属,增强历史责任感和使命感。因此,教师在教学时可以灵活地运用本地的乡土资源,提高学生学习历史的能力。

教师可以鼓励学生在假期自主参加历史实践活动,将现实生活与书本上的历史知识结合起来,比如高中历史必修二第三课《古代商业的发展》中,商业发展的内容比较抽象,学生理解起来比较困难,而且教科书中对北宋商业发展介绍得比较笼统,辅助资料少,只有张择端的局部《清明上河图》让同学们参考,并不能引导学生更深入的理解。这时如果能够让学生"走入"北宋街市中,体会北宋商业的繁华,则有助于学生对本节课内容的理解。开封的清明上河园以宋朝市井文化、民俗风情、皇家园林和古代娱乐为题材,再现了古都汴京千年繁华的盛景,当地或周边有条件的学校可以组织学生参观清明上河园亲身"体验"北宋商业的繁华景象,北宋居民的生活常态,在这一过程中获得的感受经验更为持久、有意义,导游生动的讲解、学生亲身的体验使

同学们能够很顺利地把活动情景和教科书中的内容结合起来,对商业发展的理解也会更加深刻,体现了历史实践活动的意义和价值。

(三) 组织研学旅行活动,锻炼实践能力

著名美籍华裔物理学家杨振宁教授曾指出,中国的小孩在动手的兴趣和能力方面明显不如欧洲和美国的小孩,这种现象的主要原因是中国的小孩没有动手机会。为了更有效地培养学生的核心素养,促进学生全面发展,学校可组织研学旅行,它不仅有利于学生体验历史探究的过程,学会科学探究的基本方法,加深对自然、社会、文化、历史的认识,还有利于学生形成科学的自然观和严谨求实的学习态度,更深刻地认识学科知识和社会知识的相互关系,促进师生共同成长,对培养历史学科五大核心素养都起着非常重要的作用。具体到历史学科中,学校可以组织开展以"感悟历史"为主题的研学旅行,充分利多元、广泛的校外历史资源,将研学旅行资源与历史教科书相结合开发课程,以学生活动为主,突出实践体验,培养学生创新精神和实践能力,变知识性的课堂教学为发展性的体验教学。普通高中的研学旅行活动范围以境内游为主,西安是一个具有浓厚历史韵味的古都,它的历史文化资源非常丰富而且与人教版高中历史教科书联系比较密切。学校可以将西安作为研学旅行目的地,将其历史文化资源与高中人教版历史必修一《秦朝中央集权制度的形成》《从汉至元政治制度的演变》、必修二《古代商业的发展》和必修三《古代中国的发明和发现》《辉煌灿烂的文学》《充满魅力的书画和戏曲艺术》的内容相结合,加强书本知识与现实生活的联系,加强教育的生活性,在同学们参观兵马俑、陕西历史博物馆、钟楼、大雁塔这些历史景点时负责老师可以有针对性地对学生们普及历史知识,带动学生探究历史学科甚至是交叉学科的问题,使其对历史学科知识认识得更加深刻。

四、开放教学环境

(一) 解放传统观念,建立和谐的师生关系

师生关系是教育过程中最基本、最主要的人际关系。在传统的师

生关系中,教师常以领导的姿态与学生相处,学生对教师会产生惧怕心理,导致了教师与学生之间的关系不够亲密。具体表现为教师在管理学生和传授知识时具有一定的权威性,学生不敢质疑教师的观点,学生在课堂中很少有机会表达自己的观点,师生之间交流较少,久而久之就会抑制学生的个性发展。开放教学以学生的发展为核心,认为师生之间应该保持民主、平等、和谐的关系,为了达到这个目标,教师首先要摆脱传统观念中成为权威型教师的目标,突破与学生之间的心理障碍,主动与学生交流,拉近与学生的距离。其次,教师要认真进行教学设计,改变传统教学中只有教师讲授的情况,适当地加入能够活跃课堂气氛的教学活动,并在此基础上营造出活泼、生动、和谐的教学环境。最后,教师要保持轻松、自如、开放的心态,在教学过程中充分尊重学生的个性发展,引导学生积极参与课堂活动,突出学生的主体性,师生之间建立一种互相信任、互相尊重的关系。

《学记》中说:"是故学然后知不足,教然后知困。知不足,然后能自反也,知困,然后能自强也。故曰:教学相长也。"人们只有经过学习,才知道自己的不足;只有通过教学,才会感到自己的困惑。知道不足,才能够自我反省,要求自己不断地提高文化水平;发现困惑,才能够自强不息,不断充实自己,发展自己。所以说,教学和求学是相互促进的。开放教学的理念主张教师从传统的"以教师为中心"的思想中解放出来,树立"学生为本、尊重学生"的教育思想,在教学中摆正自己的位置,营造宽松和谐的学习氛围,向学生传授历史专业知识,在课堂中平等地与学生交往,真诚地爱学生,尊重学生,善于倾听学生的意见,甚至可以在课堂中针对一个历史问题与学生展开探讨,师生之间相互交流、相互沟通、相互启发、相互理解、相互补充,在这个过程中师生共同成长,教师的教促进了学生的学,学生的学也促进了教师的教,长此以往师生之间的关系也变得亲近自然,同时也培养了学生探究知识的勇气。

(二) 教师调整教态,营造民主的教学氛围

没有积极向上的心态,学习就会成为学生沉重的负担。开放的教

学氛围是让学生在一个开放的环境中展现自我、发展个性,从而培养学生的创新能力和实践能力。因此,在教学中营造民主、宽松、和谐的氛围有利于促进学生的长远发展。

教师创造良好的教学氛围主要从以下几方面做起。

第一,教师在上课时要保持良好的情绪状态,教师的心情、表情、体态动作等直接影响课堂气氛,也会间接影响学生的学习状态。高中学生的学习压力大,心理负担重,教师不苟言笑很可能使学生觉得非常压抑,因此教师在上课前要及时调整好自己的心态和精神状态,微笑面对学生。教师愉悦的心情可以在一定程度上缓解学生紧张压抑的心情,让学生对教师没有恐惧感,这样有利于营造积极向上的课堂气氛,使学生在宽松愉悦的气氛中学习。

第二,教师要熟练应用教学语言艺术。教学语言是教师实施教学的主要载体之一,教师运用具体生动、形象鲜明、准确精练、妙趣横生的语言进行教学,丰富的表现力不仅能够激发学生的学习兴趣,而且还能够高效完成教学任务,给予学生以极大的审美享受。历史教学内容丰富,但是课堂教学时间有限,为了能够高效完成教学任务,需要教师能够既精炼又明晰地表述历史知识,用最简洁的语言表达最丰富的含义。为了达到较好的教学效果有时甚至需要留出空白,为学生扩展更多的思索空间,满足学生求索的欲望,尊重学生的主体性,让学生在空白中去体会历史的韵味,培养学生的创造力和想象力。

第三,教师要对学生一视同仁。教师对学生的态度是一种巨大的教育力量,教师差别对待学生会使其产生厌烦心理,消极对待学习。教学是一个双向活动,教师的教学需要学生的支持,如果教师在教学时没有学生的配合,那么教学也很难进行下去。因此公平地对待每一位学生不仅是开放教学的要求,也是作为教师的基本素养。作为教师必须一视同仁,公平对待每一位学生,对每一个学生都寄予合理的期望,这样教师与学生之间的关系也会更加亲近,学生也会被教师的人格魅力所折服,真心尊敬教师,产生由衷地向师之心,有助于树立教师的威信,教学氛围也会更加和谐。

(三)打破课时限制,合理安排教学时间

传统高中历史教学非常重视课中教学,且对课堂教学时间把控得比较严格,为了留给学生更多做题和背书的时间,会将一整课的教学内容在45分钟内中完成,这样就导致教学内容较少涉及课前铺垫、课中调节和课后拓展,长此以往就淡化了历史与社会生活之间的联系,学生对历史学习逐渐失去兴趣。

开放的高中历史教学倡导培养学生的自学能力,提高学生的史料实证能力,在课前会明确相关教学内容和教学目标,利用导学案指导学生自主预习相关知识,充分利用现代信息技术,搜集与教材相关的背景知识,激发学生学习的主动性,以打破零起点课堂学习状态。

在课中调节方面开放教学主张教师要依据教学大纲合理地设计教学内容和教学时间,并提前预设学生在课堂中可能出现的各种反应,做好充足的准备,这样教师就能在实际教学中根据学生的实际情况,及时、合理地做出教学调整。比如在教人教版高中历史必修一《英国君主立宪制的建立》时,学生对于英国的责任制内阁和君主立宪制理解得比较困难,教师就可以适当增加讲授时间;而在让学生思考英国君主立宪制在资本主义世界中的地位时,这个问题的开放度较高,难度较大,教师就可以适当延长学生的讨论时间,并且参与到学生讨论中去,适当给予学生帮助,提高学生的参与度,也培养了学生的唯物史观和历史解释能力。总之教师要根据课堂实施的具体情况,合理安排课堂中教师教与学生学的时间,落实开放教学的理念和内涵要求。

此外在高中历史学习中学生核心素养的培养和提升并不是只依靠课堂教学,课后的拓展训练也起到非常重要的作用。开放教学主张历史教师指引学生从社会实践中学习和应用历史知识,加强教科书与学生实际生活的联系,将理论知识转化为实践能力,提高学生的历史素养。比如在教人教版高中历史必修二《物质生活与习俗的变迁》一课时,由于这一课与学生生活联系密切,因此教师可以引导学生举办一个中华人民共和国成立以来民生变迁展览会,让同学们调查自己家庭在改革开放前后的物质生活变化情况(包括收入、住房、衣食、家用

电器等),通过图片、实物、电子文稿等形式在课上与大家分享,同学们通过亲自调查以及直观观察可以感受到多年来中国的物质生活变化,增强历史与现实生活的联系,同时也锻炼了学生的实践能力、语言表达能力,对时空观念、史料实证、历史解释和家国情怀等核心素养的培养都非常重要。

(四) 实施多元化教学方式,开放历史教学空间

在开放教学的理念中,教室并不是高中历史教学的唯一场所。假期学生的学习态度会比较懒散,自律性较低,许多学生的假期时间多是荒废了,开学后会有很长时间的适应期去调整学习状态,导致新学期开始学习效率不高。而现在互联网发展迅速,教师可以利用现代通信技术在假期与学生互动,比如说把学生分成若干小组组成微信群,要求每个群成员定期轮流提出与历史课程相关的疑难点,然后组织大家进行讨论,教师在群里负责监督和引导作用,在同学们遇到瓶颈时及时出来指点迷津,启发学生思考,活跃气氛。同时教师也可以在学习群分享与历史课程有关的知识,让学生在假期也能学到历史知识,通过这种方式学生在假期也保持了良好的学习状态,在新学期开始后不会出现知识断层的现象,会很快融入学习氛围中来。

座位编排是指学生日常座位次序的排列方式。座位编排主要包含两个方面:班级座位排列以及学生座位安排。班级座位排列的空间形式,潜在地影响着整个课堂气氛,并对学生的学业成绩、学习态度和课堂参与产生着不同的影响。

开放教学突破传统座位编排方式,它主张将座位排列成新月式。新月式编排方式是指将学生座位排成U字形,这种座位编排方式没有位置优劣之分,每个位置都可以受到教师关注,在一定程度上能保证公平性,而且这种座位排列使学生之间的交流更加方便,便于教师组织课堂讨论。教师在上课时位于U字形缺口的上端,可以直接进行板书,也可以进行相关的讲课活动,U字形中间的部分可以让学生进行角色扮演等课堂活动。

五、开放教学评价

(一) 鼓励学生、家长参与，开放教学评价主体

传统的教学评价方式将成绩作为考核学生能力的唯一标准，且教师是唯一的教学评价主体，学生是被评价的对象。随着课程改革的不断推进，评价方式在不断变革，评价主体也悄然发生着变化。在开放教学的理念下，教学评价主张让教师、学生、家长共同参与评价，因为传统的历史教学评价主体过于单一，评价结果受教师主观意志的影响，失去了公正性和客观性，而且这种评价方式不利于师生关系的正常发展，不利于促进学生的持续发展，忽视了学生的感受和需求，学生被动地接受教师的评价，最终导致评价结果不能客观反映学生能力。

开放教学的评价方式主张打破单一的教师评价方式，让学生和家长也参与到教学评价中来，评价主体由单一走向多元，不仅对学生进行评价，对教师的教学质量也要评价，让教师能够听到更多教学参与者的心声，评价结果也更能公平公正。开放教学的评价内容主要包括三个方面，其一，学生在教师的指导下，对自己的学习效果进行评价，反思自己在学习中存在的问题，并针对性地采取调整措施，改进学习方式。其二，学生等对教师的教学能力进行客观评价，主要从教师的教姿教态、教学语言、板书能力、课堂提问的技巧、教学内容的安排等方面进行评价，师生共同改进教学，从而达到评价教与学的目的。其三，教学评价不仅包括考察教师的教学能力，还考察教师的教学艺术、教学方法，让学生不仅得到知识的积累，还得到美的享受、情的陶冶，促进学生智慧的生成。同时，还可以邀请家长参与到教学评价中，清楚孩子的成长状态、教师的教学能力，对孩子多一份关爱，对教师多一份体谅，改变以往那种家长心中以分数论学生和教师优劣的观念。

(二) 单一走向多元，充实教学评价内容

因为教学本身的复杂性决定了教学评价过程是动态的、复杂的，

它既不能用单纯的考试成绩来衡量,又不能根据一个固定的参考模式来评价。开放教学的核心是以人为本,目的是锻炼学生的自主学习能力、创造思维能力、社会适应能力,培养学生的核心素养,努力促进学生的全面发展。因此,教学评价内容的选择要以学生的发展为核心,评价的指标不仅包含学生的考试成绩,更要包含对学生创新精神、实践能力、心理素质、主动学习能力和情感体验等方面的评价。教学评价的多元性决定了教学评价的对象既包含学生又包含教师,因为课堂教学离不开教师的直接参与,教师的教学水平对课程改革有直接影响,因此为提高教学质量,促进课程改革的成功,对教师进行教学评价也是很有必要的。在教师方面不再按照传统的以学生成绩作为评价教师教学质量的重要指标,对教师的创新素质、业务能力、教学成绩等方面都要全面科学地进行课堂教学评价。多元性评价重点突出学生课堂参与的积极性和学生活动的广泛性,教师问题设计的启发性、引导的科学性,教学过程的民主性等,这样不仅注重评价结果,更注重评价过程。

(三) 注重形成性评价,采取动态化的教学评价过程

教学的结果是静态的,而教学的过程却是动态的。注重动态的教学评价过程,能够及时有效地改正学生的学习状态,使学生对自己的能力做出正确的评价,帮助学生挖掘自身的潜能,促进其全面发展。因此,我们不能只看重最终的评价结果,对学生的成长过程也要及时关注。为了使评价对象能够在成长过程中及时有效地转变与发展,一定要将终结性评价和形成性评价有机地结合起来,将评价贯穿于日常的教育教学当中。

具体到教学过程中,形成性评价的表现方式是多种多样的,比较典型的一种方法就是教师可以在开学初为每位同学准备一本记录学生一学期成长发展的手册和一个档案袋,学生可以将这学期的学习成果比如说历史测试成绩、查阅的历史文献、收集的历史照片、获奖活动情况等放在档案袋里,每周在教师的指导下由历史课代表、组长、同学等对自己的学习成果进行评价,评价结果记在学生发展记录本和档案

袋中。这样做,不仅能对学生不同阶段的表现给予多次评价的机会,还能清晰、全面地记录下每个同学在学习过程中的点点滴滴,这样做不仅打破了传统的评价方式,而且对于客观评价学生的发展有着深远的意义。

第二节 核心素养下的历史课堂生成教学策略

一、生成教学使用现状及其原因分析

随着新课程改革的实施,生成教学的呼声也越来越高,但在真正的实施过程中,广大师生对生成教学理解的还不够深入,导致生成教学在实施过程中依然存在很多问题,未能有效落实。下面笔者将基于课前、课上、课后三个视角来讨论当前生成教学未能有效实施的原因。

(一) 基于课前的视角

教师在课前备课时,很少主动地结合生成教学进行充分预设,导致生成教学运用效果不佳。主要原因有以下几点,一是教师自身生成意识较弱,认为历史课堂运用生成教学,对学生起不到多大的作用和效果,同时还浪费了宝贵的教学时间。二是教师对生成教学了解不多,理解不深,不知从何处下手以更好地运用生成教学,这是比较重要的一个原因。三是生成教学实施起来确实有一定的难度,需要教师在课下花费很大的工夫,教师通常没有非常充足的时间去准备。四是部分教师出现职业倦怠,课前准备工作做得不够充足。有的教师会在评课比赛时使用生成教学,但在常态课下却鲜少使用。

(二) 基于课上的视角

在教学过程中,从教师角度:首先,教师未能有效转变教学行为,习惯于传统的讲授模式,比较注重知识的传授,课堂氛围缺乏生机;其次,课堂上出现未预设到的生成和延时性生成时,教师应对情况较差,

未能有效掌握住生成资源。从学生角度:首先,学生尚未充分认识到自己在课堂中的"主体"地位,习惯于"教师讲,学生听"的传统模式,参与课堂的主动性和积极性不够高,有想法有困惑也不会提出,从而导致一些生成资源白白流失;其次,部分学生仍旧存在"主副科"心理,对历史学科没有给予足够的重视,在课堂上不好好听课,未能积极跟着教师的引导,与教师进行良好的互动。因此,要使生成教学能够在历史课堂中充分的运用,不仅需要教师的步步引导,也需要学生的积极配合。

(三)基于课后的视角

教学活动的课后反思有利于教师的专业发展,促进历史教学的有效实施。生成教学活动具有复杂性,需要教师在课后积极进行反思和再设计,思考课前预设到的生成为何没能出现、怎样应对突发性的生成等问题,为其他课堂生成教学指导经验。但部分教师认为"下课了"就是一堂课的终止,很少进行教学反思。

二、基于核心素养下的历史课堂生成教学策略

(一)课前:做好铺垫——精彩预设

1. 了解教材编写思路,理解课程标准

课程标准是规定某一学科的课程性质、课程目标、内容目标、实施建议的教学指导性文件。课程标准与教学大纲相比,在课程的基本理念、课程目标、课程实施建议等几部分阐述得详细、明确,特别是提出了面向全体学生的学习基本要求。它规定了中学课程的运作过程,确保课堂教学取得最佳效果。历史学科课程标准是对历史学科的性质和目标作出的具体定位,是对历史学科课程功能的具体表述和要求。它有效指导着历史教学,因此历史教师要仔细研读课程标准。在充分理解课程标准的基础上,了解各个时期各个版本教材编写思路。各个时期各个版本的教材都不是尽善尽美的,总有令人不太满意的地方。对于历史学科而言,部分教材内容叙述的知识不够全面,体系也不够完整,对历史知识和结论性的东西,学生很难真正地理解与认同。因

而,历史教师不能仅仅依靠教材,还要超越教材。但超越教材的前提是教师要对教材有全面而准确的分析与理解,真正弄清楚教材所要向学生传达的东西,结合当前时代的发展和学生的认知水平去挖掘教材的深层内涵。教材是基础,教师要在这个基础上加以学习。因此,教师要把教材内容慢慢转化为自己的东西,最终形成一套属于自己的知识体系。这是课堂能够催生和捕捉到生成资源的有效前提。

2.关注学科核心素养,充分准备历史课堂教学预设

预设是教师在课前针对教学目标,教学内容,教学过程,教学方法等的预先设计,凡事预则立不预则废。除此之外,针对每一个教学环节可能会出现的问题都要进行预先的设计,尽可能准备好应对将要出现的问题的处理方案。教师只有在课前充分的准备,才会有一个良好的预设。首先,教师精心预设的问题能够使学生课堂参与度提高。其次,教师预先设计的问题不要过于简单。设计的问题过于简单化,既不能起到锻炼学生思维能力的作用,也很难出现精彩的、有价值性的生成问题。因此,教师预先设计的问题要有一定的思维难度,允许学生不会或者答错。最后,为了发展学生的核心素养,鼓励教师课前充分设计具有探究价值的问题,在课堂中设置讨论环节并加以引导,能够让学生全面的、多角度的分析问题。

除此之外,在充分准备课堂教学预设时,教师要深入了解五大素养的内涵、具体表现以及培养学生的目标要求,充分认识到核心素养五大方面不是割裂的,是相互联系的一个整体。教师不单单要注重对某一核心素养的培养,也要注重对历史学科五大核心素养的全面培养。教师要树立全新的教学观、学生观,由"注重知识"到"培养素养",促进学生的发展。[1]

3.认真分析学情,摸清重难点

教学目标的制定离不开对学情的分析。针对学情分析,教师的备课、教学才会更有方向性,教师也会更好地设计教学策略与方法。有效的学情分析是生成教学的前提,对课堂效率的提高有着很大的推动

---

[1]严为公. 立足核心素养,优化历史教学[J]. 亚太教育,2020(10):176-177.

作用。历史教师只有课前充分做好每个班级的学情分析，才能做到有的放矢，才能更好地促进每位学生的学。

作为一名中学历史教师，有的教师一个人带1~2个班级，有的教师一个人带五个以上班级，大多数教师一个人带3~4个班级。学生较多，学生情况也就相对比较复杂。在生成教学的大背景下，我们需要关注每一个学生的成长，在教学之前尽可能地了解每一位学生的基本情况，以确保教学能够从学生实际出发，提高教学的质量和效率。

但是，就目前的教学实际情况来看，大多数的历史教师所做的学情分析一般都太过笼统、抽象、浅显、虚无缥缈。对课堂教学并没有实际性的指导意义。学情分析只是为了应付规定，却没有很好地发挥其应有的作用。教师在进行教学设计时，对于学情的分析空洞泛泛，对学生的具体情况了解不够准确，以致与教学目标、重难点等教学环节相脱离，使得整体的教学设计没有针对性，进而导致难以达到理想的教学效果，生成教学也就变成"空谈"。这就要求教师在进行日常备课时，应本着学生为主体的思想，对学情进行认真分析，促进学情与教学各方面的联系，把握好教学设计的整体性和针对性，有的放矢地进行教学。

在做好学情分析的基础之上，教师要摸清本节课的重难点。当然，学情不同，教学重难点也不相同。因此，教师要注重学情的灵活运用。所谓教学重点是教学过程中，一些基本的历史史实及其折射出的历史规律所反映的思想或者方法，教学重点是要求学生必须掌握的历史基础知识与基本技能，这也是历史教学过程中的核心知识。教学难点则是指在历史教学过程中，那些较为晦涩难懂，不易理解与掌握的历史知识。比如经济史罗斯福新政部分，资本主义经济的固有矛盾是什么，为什么说罗斯福新政并不能从根本上解决经济危机……教学难点是高中历史课堂教学的绊脚石，如果不能很好地解决将会影响学生对知识的理解程度，影响课堂教学的整体效果。教学重难点需要历史教师对班内学生的实际学习情况做具体分析，从而确定重难点。教师把握好重难点之后,在重难点处设置生成环节,引导学生主动探究,既有利于重难点的突破,也很好地突出了学生的主体地位。

(二)课上:更新观念——充分利用课堂资源

1.历史教师切实转变教育理念

新课程的最高要求是变"以课本为本"为"以学生发展为本",以促进每一个学生的成长与发展为首要目标。新时代下,我们应注重全体学生的发展以及学生的全面发展、个性发展、终身发展。历史教学应符合社会需要,与时代同发展。在历史教学过程中,要突破旧有模式的弊端,择其善者而从之。树立以学生为本,学生生命高度发展为根本理念。历史教学应该发挥其独特的历史功能,培养学生的人文情怀,训练学生的思辨素养,鼓励学生大胆质疑,发表自己的见解。通过历史学科的学习,学生学会以历史的、全面的眼光看待问题,从历史的角度来看待人类文明的发展进程。

我们不否定传统的教学模式有其合理性的部分,但传统教学模式下,历史教学一般来说是为了完成知识性任务,了解并背诵这一个事件发生的背景、内容、特点、实质、意义等,然而缺少一个"为什么"。教师很少去引导学生,有时候引导也是跟随教师的步子走,学生实际上是在配合老师的"演出"。这样的课堂忽视了学生独立个体的存在价值,使得历史课堂沉闷无趣,学生昏昏欲睡。因此,历史教师不论是课前备课也好,还是在上课过程中,都应以"学生为本",只要顾及学生的全方面成长、学生生命活动的多样性以及师生活动的多元组合、发展方式,教师就能够发现课堂上具有生成教学的特征。

2.营造民主开放的师生环境

苏联教育家巴班斯基曾指出,要想最大限度地优化教学过程,教师需善于在课堂上与学生建立起心理和精神上的共鸣,烘托一种良好的氛围。只有这样,学生的精神状态才会变得舒适、放松,而不是紧张、压抑,才能达到学习效果。因此,我们要想达到一个良好的历史学习效果,能够在历史课堂上有效生成,就要创造出一个民主的、平等的、开放的课堂环境。

在历史课堂上,教师要以学生为主体,学会倾听,学会引导,将课堂的话语权还交给学生。教师要鼓励学生大胆质疑,要积极支持和鼓励学生勇于表达出自己的观点,即使是错误的也没有关系,解除学生对答错问题的恐惧心理。在轻松民主的历史课堂上,通常会有一些教师意想不到的问题。这些意想不到的生成性问题通常能够反映学生的真实想法,教师应该及时捕捉到这些信息,与学生进行交流与探讨,引导学生在尊重历史史实的前提下,客观地、全面地看待问题、分析问题,从而使学生能够自己得出正确的观点。这样不仅学生可以加深对这一部分知识的理解,还培养了学生的发散思维与创新能力。

在核心素养的大背景下,所有学科的课堂教学都应该是民主的、平等的,教师不应该是高高在上的,课堂教学应该是合作的、互动的,教师与学生都能参与进来,在一个积极的、和谐的环境下共同完成教学任务。只有开创了一个民主的、和谐的课堂环境,学生的思维才会更加活跃,才能够激发出无限潜能,才能够有效达成教学生成。

3.创设问题情境

学生的核心素养实质上是应对和解决不确定的、复杂的现实生活的综合能力,该素养需要在个体与场景的长期互动过程中,通过不断解决问题、发现意义而锻造。教师要在生成教学的过程中培养学生的核心素养,因此要努力创设问题情境,问题探究法是当前生成教学有效实施的主要方法。在历史教学中,时常会见到一些看似不够合理的历史现象,导致学生难以理解。在这样的情况下,教师可以通过结合史料,并创设问题情境,让学生回到历史的当下,重新理解历史知识。当然,问题情境的设置并非适合所有的历史教学,要结合实际情况进行选择,进而促进学生核心素养的生成。

4.发展教学机制,优化课程资源

生成性的课堂情境具有较大的不确定性,生成性的历史课堂是动态变化的。即使课下教师备课再充分,也难以预料真正开始的课堂会是一个什么样子。如果生成性课堂完全能够被教师预设,那它也不是真正意义上的生成课堂。不同的班级由于学情不同,教师的心理状态等各种因素的不同,导致其课堂生成的效果也是不一样的。上一个班级出现的生成情况在下一个班级未必会出现,班级之间的生成情况和生成所达到的效果也不可能完全相同。课堂的动态变化,在挑战着教师的智慧,教师需要根据目前所处的状态随时对自己的教学安排做出相应调整。只有充分发挥教师自己的智慧,把学生置于教学的出发点和核心地位,应学生而动,应情境而变,课堂才能焕发勃勃生机,课堂上才能显现真正的活力。在生成性课堂未能提前预设或者需要延时生成时,教师不要惊慌,运用教学机制巧妙化解。

除此之外,教师要想能够很成功地运用生成教学,还需提高自己的专业素养和能力。基于核心素养下生成教学的使用,实际上是对历史教师提出了更大的要求和挑战。一是要多看书,了解不同版本的教材,全面地、多方位地掌握教学内容;闲暇时间多看有关历史专业的文章和学术动态,增加专业素养;同时还要关注教育学、心理学的知识,了解学生的心理认知,方便运用于教学中。二是要多关注。通过历史课堂的生成教学,关注学生的认知水平、能力差异、情感态度、课堂表现等,全面掌握每位学生的个性特征、心理特征,做到因材施教、对症下药。以真诚的态度与学生交流,更易为学生所接受。

(三)课后:课之反思——升华生成

一个教师如果写一辈子教案,不一定成为名师;但若写三年的反思,有可能成为名师。这句话充分表明了教学反思是多么的重要。生成教学的复杂性致使课堂上会出现一些教师完全没有预料到的状况。因此,需要教师课后对本节课的情况进行反思,为其他课堂的生成教学积累经验。教师要学会用研究者的眼光观察学生,审视自己。教师应在每节课后反思自己课上的表现,反思自己的方法策略,不断调整自己的教学行为,从而达到最优化的状态。在教学反思中,不断发现自己知识、能力方面的优势和不足,并加以优化,促进自己的全面发展。

第三节 核心素养下的历史课堂生活化教学策略

历史教师在教学中实施生活化策略时要注重对学生历史核心素养的培养。此外,笔者通过对近几年高考历史试题的分析,发现历史高考对知识点直接考查的题目数量逐渐减少,对考查学生历史素养的题目数量在不断增加,由注重对历史知识点的考查转向对历史本质和历史问题的探究能力方面的考查。因此,笔者经过实践认为利用以下几个历史生活化教学策略能够有效培养学生的历史核心素养。

一、正确认识历史核心素养

核心素养是对学生综合素质的总结概括,而历史核心素养则是学生通过对历史的学习而形成的素养。历史核心素养对学生的成长和发展具有重要意义。因此,历史教师在实施历史生活化教学策略时,应正确认识历史核心素养,将历史核心素养的培养深化到教学活动的各个方面。

历史学科的五项核心素养包括:唯物史观、时空观念、史料实证、历史解释、家国情怀。唯物史观是学习历史的理论保证;时空观念是历史学科的本质体现;史料实证是培养历史核心素养的必要途径;历史解释是对历史思维与表达能力的要求;家国情怀是核心素养中的核心价值观。历史教师要认识到五项历史核心素养并不是单独的,而是相辅相成的。

为了体现某些历史生活化教学策略在培养某一项历史核心素养时具有更为突出的作用,笔者将在下文分别采用五个生活化教学策略来培养历史核心素养的五个方面。

二、制定生活化的教学设计

唯物史观是学习历史的理论保证,历史唯物主义贯穿于历史学习的各个方面。历史教师可以制定生活化的教学设计来培养学生的唯物史观素养。

教学设计是以教学对象和教学目标为基础,确定合适的教学起点和终点,有序整理教学要素,最终形成教学计划的过程。历史教师在实施高中历史生活化教学策略时,可以制定"生活—教学—生活"模式的教学设计,让教学资源从生活中来,再将教学成果应用到生活中去。此外,历史教师要充分发展并合理利用历史教学资源。历史教师应发掘生活中随处可见的教学资源,进行收集、归纳、总结,然后运用到教学设计当中,由表及里地揭示出历史发展的规律,引导学生了解唯物史观的基本观点和方法,有助于学生正确认识人类历史发展的总趋势,并且树立学生用唯物史观解决现实问题的观念。

笔者下面将从学情分析、新课讲授和教学反思三个方面来探讨"生活—教学—生活"模式的教学设计如何培养学生的唯物史观。

(一)学生情况分析方面

历史学科有存在形式过去性的特征,历史是人类社会经历的实践,时间不能逆转,那么历史就不能再现。人们想认识历史只能通过阅读过去的历史资料。历史教师需要培养学生的唯物史观,让学生在阅读历史资料时正确的认识人类历史发展的趋势。历史学科具有多样化的认知结构,历史事件发生的原因不是单一的,而是多角度、多种因素共同造成的。历史学科具有思维方式的灵活性特点,思维方式的灵活性指的是学生需要根据不同情况、不同角度,用不同的方法去观察和分析历史问题的能力。历史学科还具有综合性的特点,历史经常会涉及很多学科的内容,与其他学科有着丰富的联系。历史教师在教学设计中应注重与其他学科的交融,利用历史与其他学科的交流有效地培养学生的唯物史观。

历史教师在制定生活化教学设计中的学情分析时,要基于学生已有的生活经验出发。另外,历史教师对学生的学情分析还应从学生的智力因素和非智力因素方面考虑。学生智力因素指的是学生原有的知识基础和认知能力,对高中学生学情分析时要考虑学生在初中历史阶段所积累的知识,并且要考虑到学生的认知能力和生活经验方面都有所不同。所以,历史教师必须注意到学生与学生之间智力因素的差异,将教学设计编排的富有层次感,同时照顾到认知能力不同和生活经验不同的学生。学生的非智力因素是指学习方式、学习动机和学习态度等,非智力因素是影响学生学习效率的重要因素。非智力因素可以归于学生的心理需求,苏霍姆林斯基认为,尽可能深入地了解每个孩子的精神世界是教师和校长的首条金科玉律。所以学情分析一定要注意学生的心理需求。历史教师应经常与学生交流,发现学生对历史学习的需求,不仅有助于促进师生关系,而且对培养学生的历史核心素养也有帮助。最后,历史教师要清楚,学生的发展是智力因素和非智力因素相结合的结果,充分利用生活化的教学设计可以将学科特点和学生的智力因素、非智力因素密切结合,制定更加科学的学生情况分析,达到培养学生唯物史观的目的。[1]

(二) 新课讲授方面

新课讲授是教学设计中非常重要的一部分,新课讲授也要贯彻"生活—教学—生活"模式的设计思路,以贴近学生生活、贴近实际的方式进行新课的讲授。并且历史教师在新课讲授的过程中要时刻穿插可以利用于教学的生活素材,最后在课程结束后启发学生,让学生积极思考如何将他们学到的历史知识运用到生活中去。

(三) 教学反思方面

教学反思是教学设计中的重要环节,一节课无论多么的精彩都会有不足的地方,历史教师要弥补这些不足就需要经常反思自己的教学。

上海特级教师于漪老师提出了"一课三备"的理念。"一备"是不适用任何教辅资料,凭借自己对教材的理解,写好第一版教学设计;"二备"是在一备的基础上,阅读大量教辅资料,吸取他人的精华来弥补自己教学设计中的不足;"三备"是根据上课情况进行反思,课后及时调整自己教学设计中的不足之处,使之成为一个成熟的教学设计。于老师的"一课三备"给了笔者深深的启发,尤其是她将教学反思这个环节

---

[1]郭容丞.基于历史核心素养下的高中历史生活化教学策略研究[D].杭州师范大学,2019.

在"三备"中二次运用,突破了笔者认为只有在教学过后才能进行教学反思的固化思维。

历史生活化教学作为一种更贴近学生生活的教学方式,考虑到学生的主观能动性,通常教学设计和实际上课时会出现一定的偏差,可以从教学设计中的材料是否贴近学生生活、教学设计中的材料是否能培养学生的唯物史观和教学活动是否能调动学生的学习兴趣三个方面进行反思。

三、巧设生活化的教学情境

时空观念是在特定的时间和空间联系中观察和分析事物的思维方式,时空观念是历史学科的本质体现,也是历史学习者首先需要明确的观念。传统的教学模式下,历史教师对学生时空观念的培养以记忆历史年代表和历史地图册为主。这种教学策略不仅难以激发学生对历史的学习兴趣,也难以有效地培养学生的时空观念。笔者经过实践后发现,设置生活化的教学情境对学生时空观念的培养特别有效。情境是指在一定时间内各种情况相对的或结合的境况。历史教师创设生活化的教学情境,在课堂当中把历史事件"重现"在学生面前,可以有效地对学生的时空观念进行培养。

(一) 创设生活化的问题探究情境

历史教师在使用历史生活化教学策略去培养学生时空观念时,可以创设具有生活气息并且贴近学生认知水平的问题情境,使学生思考历史事件发生的时间和空间,能够在不同的时空框架下对历史事件做出合理解释,最终达到对学生时空观念的培养。

(二) 创设生活化的角色扮演情境

在培养学生的时空观念时,历史教师可以采取角色扮演这种学生生活中接触比较多的方式,使学生能够在不同的时空框架下对历史事件做出合理解释。历史教师在创设角色扮演情境时,要突破传统教学思维,极大程度上活跃课堂气氛,并鼓励学生主动地参与到角色扮演中去。

(三) 创设生活化的实践情境

历史核心素养其根本的目的在于面向学生的现实生活,学生可以利用学到的历史知识更好地融入社会、适应社会和改造社会。历史对学生时空观念的培养也绝不仅仅停留在记忆时间和空间概念的层面,而是让学生在认识现实社会时,能够将认识的对象置于具体的时空条件下进行考察。因此,历史教师可以创设生活化的实践情境来培养学生的时空观念。

(四) 创设学生可以直观感受的情境

时间和空间是可以利用多媒体教学手段进行有限的展示,历史教师在应用历史生活化教学策略时可以采用多样化的教学工具为学生营造一个直观的历史情境,在关注学生生活体验和个人情感的同时为学生营造丰富的想象和创造的空间。历史教师可以利用历史文献、历史图片和历史材料为生活化教学创造出直观的历史情境,促进学生的思考,从而培养学生的时空观念。

四、开辟贴近生活的第二课堂

史料实证能力指对获取的史料进行辨析,并运用可靠的历史资料努力重现真实历史的能力。课堂是教学活动的主要场所,但教学活动不能仅限于校园课堂,历史生活化教学需要将教学深入到生活当中。因此,历史教师需要积极开辟贴近生活的第二课堂。一方面,第二课堂的开辟让学生的学习与日常生活相融,学生对历史学习的积极性大大增加;另一方面,在学生参与第二课堂收集历史资料时可以更有效地认识到历史资料是通向历史认识的桥梁,做到第一课堂和第二课堂的有效链接。

(一) 组织学生到当地图书馆寻找史料

图书馆是学生日常生活和校园生活中最常接触的收集史料的场所,学校要将加强图书馆(室)的建设作为教育图书管理工作的一项中心工作来抓。但如今中学里的图书馆仍存在很多问题,作为离学生校园生活最近的学习资源出处之一,却难以承担学生寻找资料和开拓视野的任务。

首先是馆藏文献质量不高以及数量偏少的问题,学校图书馆规模不仅小而且图书类型较为单一;其次是图书管理信息系统不完善的问题,很多出现在书架上的书在图书馆管理系统中并不能查到,给借阅带来麻烦;最后是图书馆开放时间过短。这些问题就直接导致了学生的史料实证素养在校园环境中难以得到有效培养,而且还影响了学生课后对历史的学习兴趣,甚至造成学生对史料缺乏求真的意识,很大程度上影响了学生的发展。因此,在学生难以利用校园图书馆的情况下,应积极开辟学生生活中的图书馆作为学生的第二课堂,为学生搜集史料创造更好的环境。此外,当历史教师在培养学生的史料实证能力时,要注意引导学生区分历史资料的真实性,教会学生判断历史资料的真伪和价值,并且要注重与现实生活之间的联系,培养学生以实证精神来对待历史与现实问题。

(二)举办历史辩论会

辩论会是一种贴近生活的竞赛方式,没有过多的硬件条件限制,只需要有一个主题就可以进行,历史教师可以采取举办历史辩论会的策略来实现对学生史料实证素养的培养。

当历史教师在组织辩论会时,辩论的主题需要提前通知学生。学生利用课余时间积极收集历史资料做准备,学生在收集史料时就会分析史料的真实性,并且对史料进行总结。在准备辩论会的过程中,学生提高了收集历史资料、辨别历史资料和分析历史资料的能力。此外,学生在提取历史资料中的有效信息时,还能培养学生的表达能力。不同的学生对同一史料有不同的看法,在对历史事件的辩论中可以促使学生思想上的交流与碰撞,激发学生探究历史的精神,最终有效培养了学生史料实证的能力。

(三)参观当地博物馆收集史料

当地博物馆也是贴近学生生活的搜集历史资料的好场所。历史教师在培养学生史料实证能力时可以带学生走出校园,去学生日常生活中熟悉的博物馆,将博物馆开辟为学生的第二课堂,实现教学手段的生活化和多样化。

博物馆中有浓厚的历史氛围,学生在进入博物馆时就会沉浸在历史的氛围当中,潜移默化地陶冶了学生的情操。此外,笔者发现,学生在博物馆搜集历史资料时思维变得更加活跃,可以很快地从历史文物中提取有效信息。因此,历史教师可以将博物馆作为学生的第二课堂,来培养学生史料实证能力。在参观博物馆搜集历史资料时,学生可以加深教材中历史知识的记忆,参观博物馆的文物时可以回想起课堂上所学的历史知识,实现生活与课堂、历史资料与历史学习的相互促进,最终达到培养学生史料实证素养的目的。

(四) 组织历史兴趣小组

兴趣小组也是贴近学生校园生活的一种学习方式,历史教师可以提倡学生组织历史兴趣小组。历史兴趣小组吸收一些爱好历史的学生,学生遵循自愿的原则参加,让历史兴趣小组成为学生校园生活的一部分。据笔者调查,学生在有历史问题时很多时候并不愿意主动找老师解答,那么历史兴趣小组就可以起到答疑解惑的作用,同年龄段的学生在交流方面没有代沟,而且交流的语言更贴近学生生活,给学生历史学习留有一定缓冲的余地。历史兴趣小组需要学生在课余时间自发地收集历史材料、组织历史活动,充分发挥了学生的主观能动性,为学生学习历史提供了更为广阔的空间,最终达到对学生史料实证能力的培养。

五、设置贴近生活的历史问题

历史教师可以设置贴近生活的历史问题,以培养学生的历史解释能力。《辞海》对于"解释"的释义是"分析说明"。李剑鸣认为解释是发掘历史的意义、赋予历史生命的一种方式。历史解释的实质是以史料为依据,将过去记载零散的信息变成有意义的历史知识。笔者在实践中发现可以通过设计贴近生活的历史问题,让学生明白同一历史事件会有不同的解释,学会反思历史解释的正确性和客观性,从而培养学生的历史解释素养。

(一) 培养学生在生活中阅读历史的意识

历史教师在培养学生历史解释素养之前,首先要扩充学生的历史知识。这是由于在高中历史教学中教材阅读量和记忆量都远远多于其他学科,但是历史教科书却仍然受到篇幅的限制,难以对一个历史事件细节进行过多描述,而这些细节部分又通常会影响学生对历史事件的认识,如果不去引导学生了解这些历史细节,就会影响对学生历史解释能力的培养。

高中生正处于思维活跃、追求发现事物本质的阶段,正是培养学生历史解释素养的好时期。因此,历史教师需要给予良好的引导,让对历史的阅读变成学生生活中的一部分,培养学生生活中阅读历史的良好习惯。让学生了解只有大量阅读历史资料才能做到多角度、多方位、深层次的理解历史事件。同时,学生在历史阅读中可以吸收各类史学家的思想,探究其思想的来源,集众家之所长形成自己对历史的看法,能够做到客观的论述历史事件、人物及现象,学会从历史表象中发现问题,最终做到客观评判现实生活中的问题。在实践中以下几个方法可以有效的帮学生养成阅读历史的意识和习惯。

1.培养学生阅读历史资料的意识

教科书中多是对历史事件的总结性描述,所以学生在学习历史时会比较忽视对史料的阅读,而更关注对历史事件的总结。俗话说论从史出,历史课堂中最不能缺少的就是历史材料,历史教师给予学生丰富的史料可以引导学生去思考,还能起到拓宽学生的视野的作用。所以,历史教师要培养学生阅读史料的意识。

但是对学生史料阅读意识的培养也应该有方式。历史教师在高一阶段的历史课堂中应给予学生大量的史料,学生在这个阶段只需要单纯的阅读;之后随着学生对历史的不断深入学习,历史教师可以逐渐地减少史料的数量,把搜寻史料的任务交给学生来完成。

2.培养学生阅读历史的习惯

高中一年级的学生刚从初中进入高中,很多学生不理解阅读的意义,既没有养成良好的阅读习惯,也没有采用良好的阅读方法,结果导致学生阅读能力比较薄弱,更倾向于观看一些图片和视频资料。根据这种情况,历史教师应布置一些历史阅读任务,为学生提供一些科学的阅读方法,逐步培养学生的阅读习惯。学生将阅读历史的习惯融入自身的生活当中,对学生历史解释能力的培养和今后的学习生涯都起到重要的作用。历史阅读任务可以分为基础阅读任务和拓展阅读任务。

(二) 设置贴近生活的历史问题

历史教师可以设置贴近生活的历史问题来培养学生的历史解释素养。学生在回答问题时需要表达自己对历史事件的看法。此外,问题的设置更加贴近生活可以使学生客观评价现实社会生活中的问题。笔者认为可以从以下几点来做到设置贴近生活的历史问题。

1.问题设置需要用生活化的语言

历史课堂教学语言是历史教学艺术的重要形式之一,它基于历史知识和标准的专业语言之上,使用丰富多彩的语言为学生创造更有趣的历史课堂,缩短师生之间的距离,激发学生的兴趣。历史教学需要及时更新教学内容和话语体系。因此,历史教师在实施历史生活化教学策略时要注重运用贴近生活的语言,将课堂语言与生活进行有机地结合。

生活化的语言在历史生活化教学中发挥着非常重要的作用,虽然在当前的高中历史课堂中会利用多媒体设备,但是使用多媒体的目的也是为了辅助教师的讲授。老师的课堂语言风趣幽默,而且贴近学生的生活。语言与教学的完美结合也是许多历史教师所追求的方向,并且学生学习效率的高低与教师的语言水平密切相关。因此,历史教师在培养学生历史解释能力的过程中应注重课堂语言的生活化。

2.利用教材设计问题

一个好的历史老师一定会熟练运用教材,想要更好的实施历史生活化教学策略,历史教师需要重新处理历史教科书,找出历史教材中与学生生活密切相关的内容。在此基础上,设计启发式问题,达到对学生历史解释能力的培养。

有学者认为历史课堂提问要注意三个方面:首先是原因,关注历史的来龙去脉;其次是依据,教材中的历史观点或结论依据什么而来;最后是异议,学生对教科书中的观点、结论,甚至是不成问题的问题大胆提出异议。因此,历史教师在应用生活化教学策略培养学生的历史解释能力时,应教导学生从历史表象中发现问题,引导学生反思教科书中的观点和结论,判断教科书中对历史事件评价的正确性。

3.利用材料分析历史问题

历史教师在设计历史问题时经常使用一些历史资料。学生对历史图片、图表信息和文本信息的解读,也是培养历史解释能力重要的一部分。因此,历史教师要引导学生学会对历史图片、图表信息和文本信息进行解读,从这些历史表象中发现问题并形成对历史事件的看法。

对于如何解读历史图片,潘诺夫斯基提出了三个基本步骤,即图像志描述、图像志阐释和图像学解释。历史教师可以借鉴这种方法教导学生解读历史图片,第一步是图像志描述,主要是教导学生识别图中的各种信息;第二步是图像志阐释,也就是教导学生判断历史图片的主题,确定历史图片所描绘的历史时间段或历史事件,才能将图片信息与所学的历史知识相互联系、相互印证;最后一步是图像学解释,通俗地说也就是结合前两步的成果,揭示历史图片所隐藏的意义,从历史图片中总结出对解决历史问题有帮助的信息。历史教师教给学生这样分析历史图片的方法,可以大大提高其历史解释能力的培养。

历史图表有很多种,但是都是对历史数据的统计分析,学生需要在数据中找到有助于分析历史事件的信息。对于如何解读图表信息,可以总结为三个步骤:①看图表标题,历史的数据表都会有标题,学生可以通过标题来明白表格描述的主题;②分析数据,在分析历史图表时最重要的是对图表中数据的分析,找到数据变化的规律,并分析数据变化的历史原因;③下结论,在明确图表主题和数据产生的内在原因后,学生可以对图表信息作出结论。归根到底,历史图表的分析是需要图表数据和学生所学的已有的历史知识相结合。

对于历史文本信息的解读一直是学生比较困扰的问题,学生看到大段的文字,内心就会产生抗拒感,如果遇到的文字还是文言文,那抵触情绪可谓是达到了顶点。对于学生抵触阅读大段历史文字材料的情况,历史教师平时需要循序渐进地培养学生对历史文本的阅读能力,但是也要教导学生对历史文本材料分析的方法。以下几步可以帮助学生分析历史文本材料:抓住关键词,历史文本材料如果很多,可以指导学生抓住关键词的方法解读文本;分析解释关键词,学生在确定关键词后结合所学的历史知识,对关键词进行分析解释;总结材料中的有用信息,并解答问题。

六、发掘生活中的乡土资源

历史核心素养中的家国情怀具有重要的教育价值,而且也是历史五项核心素养中的核心价值观,符合历史教育"立德树人"的基本要求。历史学科需要学生能够认识中华民族多元一体的历史发展趋势,形成对中华民族的认同感和正确的民族观,具有民族自信心和自豪感。2019年中共中央、国务院颁发的《中国教育现代化2035》提出:"全面落实立德树人根本任务,广泛开展理想信念教育,厚植爱国主义情怀,加强品德修养,增长知识见识,培养奋斗精神,不断提高学生思想水平、政治觉悟、道德品质、文化素养。"因此,历史学科有必要发挥其学科特点,做到对学生家国情怀的培养。

在实践中发现如果对学生身边的乡土资源进行有效的发掘利用,有助于培养学生的家国情怀素养,历史教师可以通过探索生活中的乡土资源,实现对学生家国情怀素养的有效培养。通过对学生身边的乡土资源进行有效的开发,历史教师可以将学生对家乡的热爱延伸到对祖国的热爱,在潜移默化中培养了学生家国情怀素养,引领学生为实现中华民族伟大复兴的中国梦而不断努力。

(一)将地方史融入历史课堂教学

地方史是指某个地区的历史记录。当代高中生对家乡历史的了解情况并不乐观。虽然学生对家乡的历史不太了解,但是对自己所生活的地方有亲近感,将地方史资源融入历史课堂可以激发学生的学习兴趣,培养学生对家乡的热爱,并且进一步深化为对祖国的热爱,实现历史与情感上的互动,有效培养学生的家国情怀素养,也为学生的终身发展奠定了基础。

教学过程是教师把经过简化、浓缩的知识向学生传播,使学生寻求到掌握知识的捷径的过程。地方史资源相对比较零散,历史教师需要对地方史资源重新组织,选择更符合学生生活的地方史资源,再结合历史教材内容,经过对两者的浓缩,将零散的地方史与完整的历史教材专题进行结合,使学生更好地掌握知识,也更好地培养他们的家国情怀。

历史教师在对地方史资源进行筛选时尽量选择贴近学生生活的部分,以学生的实际生活折射出中国的历史,通过历史教师的引导让学生能够"以小见大",用零碎的地方史来反映国家整体的历史发展过程,激发学生对自己家乡历史和国家历史之间的深入思考,深入学习隐藏在历史背后的家国情怀。

(二) 创设生活化的乡土情境

历史教师在培养学生家国情怀时可以创设生活化的乡土情境,在实现历史教学的多样化和个性化的同时培养学生的家国情怀。对地方区划划分得越细致,越贴近学生的出生地或者生长地,这种地方认同感就越浓厚。将学生对地方的认同感扩大到对家国的认同感,认识到爱家乡就是爱祖国,爱祖国也是爱家乡。

(三) 参观当地历史名人纪念馆

历史教师在培养学生家国情怀时可以走出校园,带领学生参观当地历史名人的纪念馆,让学生了解那些曾发生在家乡的事,曾在历史上为家乡和国家做出贡献的名人,充分利用榜样的作用来培养学生的家国情怀。

学生可以将这些名人作为学习榜样,通过对这些历史人物的学习,看到中国人民为国家的发展作出的努力,让学生明白历史的发展需要每个人的参与,也让学生知道他们现在的生活是需要珍惜的。最终达到了对学生家国情怀素养的培养。

(四) 鼓励学生结合自身生活发表感悟

教师应该努力让学生去发现自己的兴趣来源,让学生在发现的过程中体会到自己的劳动和成就。家国情怀作为情感方面的培养,历史教师很难去检测培养效果。可以采用开展家国情怀分享会的策略,积极鼓励学生结合自己的生活发表对历史学习的感悟,从学生的感悟中得到对家国情怀素养的培养效果。

第三章 基于家国情怀核心素养的历史课堂构建

第一节 家国情怀核心素养概述

一、家国情怀内涵的历史演变

家国情怀是中国优秀传统文化的内涵之一。《说文解字》中认为，家，居也；国，邦也。《现代汉语词典》中对"情怀"解释为"含有某种感情的心境"。作为一种意识形态，家国情怀是国家与个人之间关系的一种表现，它是一个历史范畴，在不同时空背景下，具有不同的内涵。

(一) 传统社会"家国同构"理念下的家国情怀

传统古代社会中，"家"与"国"是一体的，"家国同构"理念是家国情怀形成的关键。古代中国是一个植根在农耕经济土壤中的宗法—政治社会，家与国分别代表了社会宗法系统与政治系统。所谓"家国同构"，是指家与国在组织结构上的共通性。在三代，一般是诸侯称"国"，大夫称"家"，亦以"国家"为国之通称。《尚书·立政》称："其惟吉士，用励相我国家。"《礼记·中庸》又称："国家将兴，必有祯祥。"在古代中国人的思想中，"始于家邦，终于四海"（《尚书》），国以家为基础，以血亲、姻亲维系。人们生活的共同体可以从家、国扩展至天下。孟子所强调的"天下之本在国，国之本在家，家之本在身"（《孟子·离娄上》），就是天下、国、家一体相连的明确表达。在家国胶结的社会、生活结构中，家庭、家族与邦国的组织结构一致，个人、家庭、家族、邦国、天下，形成一个等级序列，每个个体与层级具有固定的角色和功能。

在古代社会,家国情怀建立在血缘亲情的基础上,随着个体身份的变化呈现出不同的要求。价值取向和生活方式的一致是家国情怀中以情感认同引导国家认同的关键。"孝"是内蕴于父母至亲之间的天然情感,"忠"则是比拟于孝的道德承诺。在以礼治为基础的传统社会中,忠孝一体获得行为方式、价值追求与国家制度、国家精神的统一,成为国家价值观的凝练表达,发挥了价值整合的重要作用。这种整合的关键,在于"忠孝一体"不仅满足了国家稳定、社会发展的实用需要,也能够满足人们的内心需求。在这种价值观念支撑下的"共同体",不仅仅是利益共同体,更是情感共同体、价值共同体,这对于造就中国传统社会的稳定,具有重要的意义。忠孝一体是家国情怀的价值凝练。基于这种文化基因,在国家统一的时代,君主逐渐成为朝廷、国的代表。《礼记·大学》中所倡扬的"古之欲明明德于天下者,先治其国;欲治其国者,先齐其家;欲齐其家者,先修其身"就是这种社会结构下的"大人之学"。于是修身、治国、平天下的经邦济世成为中国古代文化精英们践行家国情怀的主要方式。经邦济世一般是指自觉对时世有强烈的责任感和担当意识,力图通过自己的努力来改变现实世界的精神和行为。纵观中国历史发展,个体在"家国同构""忠孝一体"的生活经验和伦理规范下生活,以最自然、最真挚的情感来处理自己与他人、社会的关系,获得自我认同并通过自己经邦济世的行为维护公序良俗,追求充实的生命感受。

(二) 近代中国救亡主题下的家国情怀

近代以来,经历了战争和现代文明的洗礼浸润之后,中国人的家国情怀完成转型。首先,救亡图存的时代主题下,作为中华民族在政治上自我认同的基础,爱国主义是由家国情怀衍生而来的对国家最强烈的认同情操。其次,强烈的爱国主义情操与西方民主思想的浸润,也改变了人们旧有的"家""国"观念。梁启超在《少年中国说》中提出的"国也者,人民之公产也"是当时新型"国家"观的典型,其基本思路是把"公"的含义引入"国",这是对民族国家的合法性进行思考的尝试。梁启超这种从固有文化传统中引申出"国家"观的努力,是以激励人们"爱国"为目标的。梁启超认为:"史学者,学问之最博大而最切要者也,国民之明镜也,爱国心之源泉也。"由此,在传统的情感认同中加入了对现代国家强大、民族振兴的真诚向往,对于国家、主权、法制等国家认同的核心内容也逐渐有了清晰的认识。近代以来的反传统思潮中,对"家""孝""忠君"的批判是非常强烈的。由"五四运动"开启的思想启蒙,一方面延续着反对专制制度,提倡天下为公;另一方面又把这种批判和个性解放的思想更新结合在一起,产生了振聋发聩的影响,并鼓舞了一批青年人的行为。这种批判是从完善个体能力、挽救民族危亡的角度来展开的讨论,依旧是家国情怀的一种表现。

(三) 现代中华民族伟大复兴责任下的家国情怀

"家国情怀"是一个人对自己国家和人民所表现出来的深情大爱,是对国家富强、人民幸福所展现出来的理想追求。它是对国家高度认同感、归属感、责任感和使命感的体现,是一种深层次的文化心理密码。在实现中华民族伟大复兴的征程中,家国情怀是实现中国梦的内生动力,是华夏儿女的文化观念形态,是国家建设和发展的力量之源和重要保障。

首先,当今中华民族的独立、富强,是中国共产党带领中国人民不懈努力得来的。社会主义社会是人民当家作主的社会,人民的家国情怀是人民群众对于国家前途命运的关注和关怀,本质上是对人民群众自身利益的关怀。因此,家国情怀包含着对于社会主义制度及中国共产党的情怀。其次,中华民族拥有两千年的悠久文明,传统的中国国家形态不同于西方的政治型国家,本质上是一个基于"文明"而存在的国家,其身份认同都源自悠久的传统历史文化。费正清说过,如果中国仍然相信其优越性,那么它很可能依据历史来确定自己未来的角色。因此作为一种族群归属意识,家国情怀某种程度上是对国家文明的认同、文化的认同。作为当今中国社会的主流意识形态的内核,社会主义核心价值体系是家国情怀的主要内容。最后,在世界多极化、经济全球化、社会信息化和文化多样化不断发展的21世纪,在中国已经和世界密切联系成一个息息相关的整体的时代,处于这个时代的每一个人都应具有强烈的世界意识和国际视野,家国情怀应该超越民族国家界限而思考全人类命运,在建构"命运共同体"的高度进行思考。①

二、家国情怀核心素养的地位

家国情怀是学习和探究历史应具有的人文追求,家国情怀是诸素养中价值追求的目标。

(一) 家国情怀核心素养是历史学习和探究应具有的人文追求

历史阐述了人类社会发展过程及其规律,历史学科是人文社会科学的基础学科,历史课程是人文教育的核心课程。历史知识的学习是为了形成历史观念和历史思维能力,它对学生人格养成与文化熏陶起着基础作用。

作为历史学科核心素养之一,家国情怀旨在培养学生能够从历史的角度认识中国的国情,形成对祖国、对中华民族、对中华优秀传统文化、对社会主义核心价值观的强烈认同感,树立道路自信、理论自信、制度自信和文化自信;了解世界历史发展的多样性,理解和尊重世界各国、各民族的文化传统,形成广阔的国际视野;能够确立积极进取的人生态度,塑造健全的人格,树立正确的世界观、人生观和价值观。家国情怀核心素养是历史学习和探究应具有的社会责任。

勇于承担社会责任,敢于对他人负责、对社会负责,具备强烈的社会责任感,是文明社会公民必须具有的基本素质,是现代社会对公民的基本要求,也是中华民族走向世界的重要条件。中学时期是学生人生观、世界观和价值观形成的重要时期,这一时期接受的教育将影响一个人的性格和品德的形成及其终身发展。因此,青年学生是否具有高度的责任意识关系到中华民族的未来发展。

家国情怀指的是一个人对自己国家持有的高度认同感、归属感、

①凤光宇主编. 中学历史学科核心素养教学实践研究[M]. 上海:上海教育出版社,2019.

责任感和使命感,是为实现国家富强、人民幸福所展现出来的持久的理想追求,是对自己国家和民族,乃至整个人类前途和命运所表现出来的深情大爱。作为历史学科核心素养之一,家国情怀强调学习和探究历史应具有价值关怀,要充满人文情怀并关注现实问题,以服务于国家强盛、民族自强和人类社会的进步为使命。家国情怀中所蕴含的价值理念和行为追求会激发起青年学生以身报国的态度和担当,会释放出巨大的凝聚力,鼓舞青年学生在中国现代化建设的进程中,提升政治认同、文化认同、国家认同、制度认同,在引导他们关心国家命运、襄助社会进步等方面发挥着重要作用,激励他们为实现中华民族伟大复兴的中国梦而不懈努力。

(二) 家国情怀核心素养是学习和探究历史的价值目标

家国情怀核心素养是学习历史和认识历史在思想、观念、情感、态度等方面的重要体现,是实现历史教育育人功能的重要标志。

习近平总书记在第二十二届国际历史科学大会开幕的贺信中指出,历史研究是一切社会科学的基础,承担着"究天人之际,通古今之变"的使命。重视历史、研究历史、借鉴历史,可以给人类带来很多了解昨天、把握今天、开创明天的智慧。习近平总书记还强调:"中国有着五千多年连续发展的文明史,观察历史的中国是观察当代的中国的一个重要角度。不了解中国历史和文化,尤其是不了解近代以来的中国历史和文化,就很难全面把握当代中国的社会状况,很难全面把握当代中国人民的抱负和梦想,很难全面把握中国人民选择的发展道路。"历史教育是通过学习历史和研究历史,让学生从历史中汲取智慧,在感悟中获得真知灼见。家国情怀作为几千年来中华民族维系社会稳定与民族团结统一的强大精神力量,孕育了丰富的思想精华,发挥着稳定社会秩序、支持国家社会建设的作用。因此,家国情怀作为最高层次的核心素养,是历史课程中历史价值观教育的根本归宿,体现出对历史课程所承载的培育和涵养正确的历史价值观的高度重视和深切期望。

三、家国情怀核心素养的概念把握

(一) 他国的借鉴和参考

"家国情怀"这一词,究其内涵来看,爱国、爱家、传承文化传统,在很多国家的基础教育历史课程标准中和在实际教学中都有所体现,有很多做法值得我们借鉴。

例如,美国中小学开设了关于美国精神教育的课程,其中包括历史、人文和公民课程。除了知识传授以外,这些课程渗透着美国精神和民族文化的教育内容,通过历史和地理知识的教授,让学生了解美国民族的传统和国家的进步。尤其值得一提的是,在美国普通民众的心目中,历史课被看成具有民主倾向的课程,历史教学被当作是进行爱国主义教育的最好手段。人们认为学习历史有助于公民适应社会并能与社会融洽,有益于爱国主义精神和忠于美国的情感的培养。美国的中学历史教科书向中学生讲述了美国的起源、发展和强大,增强了中学生对自己民族和国家的信心和使命感。近年来有学者认为,纵览美国现代中学历史课程百年嬗变,发展适应社会的公民是始终秉承的终极追求,从帮助理解现实问题转向提供解决现实问题的价值观念和思维工具,伴随着社会的现代化,中学历史课程日渐深入公民的核心素养。我们还发现,在课程目标上有一个重大变化,那就是从培养适应、重建民主社会的公民转变成为培养理性爱国、认同美利坚民族国家的公民。除此之外,在法国,公民教育课强调历史的学习,它的课程计划覆盖了从法国大革命到现代的历史。学生通过历史学习了解国家的历程和伟大的革命精神以及绚丽多彩的法兰西文化,培养了学生民族自豪感、认同感。

(二) 家国情怀教育与民族精神教育、传统文化教育

家国情怀是中华民族的文化基因。在中国人的心中,家是最小的国,国是千万家,每个人的生命体验都与家庭、家族、国家紧密相连。由个人而家庭,由家庭而社会,由社会而国家,由国家而天下,是中国人特有的社会价值逻辑。从家出发,个人、家庭、群体、国家乃至天

下,一脉相承,共同支撑着我们的理想。中国人的家国情怀,已经成为中华民族生生不息的文化基因。

家国情怀是民族凝聚力的心灵基础。中国人的家国情怀体现在对国家统一、民族强盛的认同。在古代人的心目中,"夫天下者,天下人之天下也,非南北中外所得私。舜东夷,文王西夷,岂可以东西别之乎""中华统绪,不绝如线",这是《春秋》大义中最核心的观念,也是中华民族源远流长、生生不息的根本所系。

从古至今,中华民族之所以能历经磨难而浴火重生,中华文明之所以能绵延数千载而生生不息,根植于民族文化血脉深处的家国情怀起到了至关重要的作用。因此,在历史学科中进行家国情怀教育是以中华优秀传统文化教育为基础的,是以爱国主义教育为核心的民族精神教育的重要组成部分。

(三) 在国际视野下把握家国情怀教育

在历史教学中落实家国情怀核心素养,目的是培养学生对国家的高度认同感、归属感、责任感和使命感,以服务于国家强盛、民族自强和人类社会的进步为使命。国际视野主要是运用一种全世界的开放意识和全球眼光,站在全球和人类的制高点对国际和国内问题进行比较与反思以及在此基础上所具备的一种态度、观念、思维方式和行为规则。在全球化的背景下,家国情怀与国际视野是当前人才培养的两个目标。首先,培养学生的国际视野应该以家国情怀为前提。学生要知晓中国的过去和现在,关注中国的未来;在此基础上去了解世界的现状与变化,关心世界的发展。其次,培养学生的家国情怀应该立足于国际化的大环境,要主动地吸收外来文化,实现本民族文化的更新与发展。家国情怀应该是优秀的文化传统的情怀,是能有效保持民族特色和民族自尊心的情感动力,也是在立足"本土文化"的基础上借鉴"外来文化"的精髓而进行创新的情怀。最后,家国情怀与国际视野是一个整体,它们不是割裂的,不是孤立的,更不是相互排斥的,而是相互融合、相互依存、相互促进的。国际视野不是一味地接受外来文化,而是将其植根于广阔的社会历史文化脉络之中。"为天地立心,为生民立命,为往圣继绝学,为万世开太平",这是中国人如何看待世界的基本路径。当一个人把个人的成长与家庭、民族、国家乃至整个人类的命运紧密结合在一起的时候,这个人就拥有了融入世界的气度与眼光,就是一个兼具家国情怀与国际视野的人。

第二节 高中生家国情怀核心素养培养现状

调查问卷是分析现状的重要手段,为了对当前高中生的家国情怀素养培养现状进行了解,发现在高中历史教学过程中进行家国情怀教育时存在的问题,并为以后历史教师进行相关教学设计提出有针对性的建议,笔者本节将通过调查问卷研究高中生家国情怀核心素养培养的现状。

一、调查问卷的设计

此次问卷以Z市Z中高中部文科班的教师和学生为调查对象,从学生和教师两个群体调查其对家国情怀的了解情况、对家国情怀教育的态度以及教师对家国情怀教育的重视程度、在教学过程中遇到的问题等方面。问卷由两个部分组成:第一部分是对高中生家国情怀素养培养现状的调查,第二部分是针对家国情怀的内容在教学中的落实情况,对历史教师所进行的调查。

二、对高中生家国情怀素养培养现状调查

(一)调查对象

本问卷的调查对象是Z市Z中学高中部文科班的学生,从高一、高二、高三的文科班中随机抽取6个班级、240名学生进行问卷发放,匿名作答并当场回收,回收后经统计:有效问卷共231份,有效率为96%,具有较高的可信度。具体情况可见表3-1。

表3-1　历史家国情怀培养现状学生调查问卷情况表

	类别	有效卷	百分比
年级	高一	78	33.7%
	高二	78	33.7%
	高三	75	32.6%
性别	男	127	54%
	女	104	46%

从表中数据可以看出：高一、高二、高三年级的有效卷分别为78、78、75份，占样本总数的比例分别为33.7%、33.7%、32.6%。在231份样本中，男生有127人，占样本总量的54%，女生有104人，占样本总量的46%。

(二) 调查结果统计

1.你热爱你的祖国吗？（见表3-2）

表3-2　是否热爱祖国调查表

倾向程度	十分热爱	热爱	无所谓	不热爱	总计
频数	38	193	0	0	231
百分比	16.45%	83.55%	0	0	100%
累计百分比	16.45%	83.55%	0	0	100%

2.你了解你的故乡吗？（见表3-3）

表3-3　是否了解你的故乡调查表

倾向程度	十分了解	了解	不怎么了解	不了解	总计
频数	19	27	8	177	231
百分比	8.2%	11.6%	3.4%	76.8%	100%
累计百分比	8%	19.8%	23.2%	100%	—

3.如果以后有机会，你愿意回到你的出生地参加工作，为故乡建设贡献一份的力量吗？（见表3-4）

表3-4 是否愿意回故乡参加工作调查表

倾向程度	十分愿意	愿意	不愿意	无所谓	总计
频数	17	23	75	116	231
百分比	7.4%	9.9%	32.4%	50.3%	100%
累计百分比	7.4%	17.3%	49.7%	100%	–

4.你知道什么是民主选举吗?(见表3-5)

表3-5 是否知道民主选举调查表

选项	非常了解	了解	稍微了解	不了解	总计
频数	11	31	179	10	231
百分比	4.8%	13.4%	77.4%	4.4%	100%
累计百分比	4.8%	18.2%	95.6%	100%	–

5.你能说出几件最近一个月内发生的国家大事?(见表3-6)

表3-6 能否说出几件最近一个月内发生的国家大事调查表

选项	0件	1~2件	2件以上	总计
频数	159	53	19	231
百分比	68.8%	22.9%	8.3%	100%
累计百分比	68.8%	91.7%	100%	–

这五个问题主要是为了了解学生对于有关家国问题的态度,从调查结果可以看出,大多数学生在对待与家国相关的问题时觉得是离自己生活很远的事情,参与感很低。在回答"否热爱国家"的问题时,虽然学生都能有正确的政治选择,但对于家乡和家族相关的问题,大部分学生的了解都很少。在调查过程和日常教学交流中,学生之所以对于和家国相关的问题了解较少,与学业压力过大导致缺乏了解时间、没有了解途径、认为这些问题并不重要等原因有关。

6.你是通过哪种途径接触到"家国情怀"核心素养的?(见图3-1)

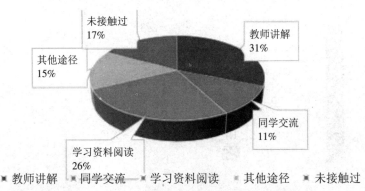

图3-1　学生现有接触家国情怀核心素养的途径

7.你希望更加深入地了解家国情怀核心素养吗?(见图3-2)

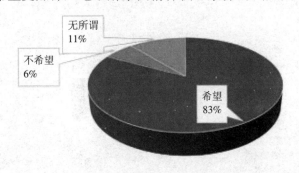

图3-2　学生对进一步学习家国情怀核心素养的态度

　　如图3-1、3-2所示,这两项调查主要是为了了解目前中学生对家国情怀核心素养的了解途径和了解情况,从这三个问题的调查结果来看,学生对核心素养中的家国情怀素养有一定程度的了解,但并不深入和全面。目前高中教学中以知识技能为主的现状,很多老师都存在不重视情感教育的现象,从而造成了学生无从了解家国情怀的情况。因此利用各种教学手段和教学材料,创设有利于家国情怀培养的环境是十分必要的。

　　8.你所在的学校组织过有关历史知识的校内外活动吗?(见图3-3)如参观历史人物故居,了解历史人物生平和历史事件始末,学习历史人物精神,等等。

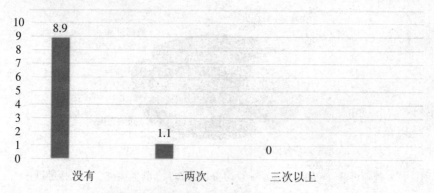

图3-3　学生参加相关历史课外活动的次数

9.你希望老师通过那种方式培育"家国情怀"核心素养?(见图3-4)(多选)

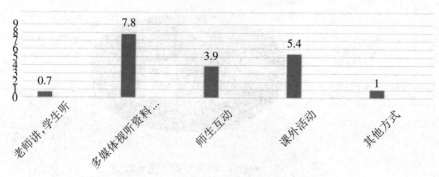

图3-4　学生期待的家国情怀培育途径

如图3-3、3-4所示,这两项调查是为了了解学生对于加强自身家国情怀核心素养的意见,从而为教师进行教学设计提供有针对性的建议。从以上两项调查的数据来看,目前学校为家国情怀培养所提供的条件是十分有限的。同时,学生们对于家国情怀的培养方式选择有很明显的倾向性,相比于文字材料更喜欢通过对多媒体设备的应用以及活动探究的方式进行家国情怀核心素养的学习。这就为我们历史教师的教学方向、教学手段提供了方向和参考。①

①朱素珍.浅谈历史学科核心素养要求下高中生基于史料思维能力的培养[J].文理导航·教育研究与实践,2018(10):80.

三、调查问卷结果分析

通过对两部分调查问卷的结果分析和归纳,并结合笔者在教学实践过程中对相关问题的考察,发现现阶段针对高中生家国情怀素养的培育,主要存在以下几个方面的问题。

(一)学生对家国情怀相关问题不够重视

高中本就是课业繁重的一段学习时期,绝大多数学生在历史学习过程中,更偏向于知识技能的识记和掌握,很多学生甚至不知道家国情怀为何物。在日常的学习过程中,这部分学生不会去主动关注国情动态,甚至因为觉得与自己生活无关而选择直接忽略。家国情怀在很多学生的观念里,都处在一个不被重视的角落。这是值得教育工作者关注的一个现象,家国情怀教育是历史价值观的根本归宿,应该被融入我们的日常教学设计当中,使学生从一开始就认识到家国情怀等情感教育的重要性。

(二)目前的教学环境中,学生所能接触到的家国情怀教育素材有限

通过学生问卷中的相关调查我们可以发现学生对于家国情怀的接触途径单一,要么是通过课堂上老师讲课时的简单涉及,要么是自己做题或者和同学交流,因此对家国情怀也仅仅局限于"知道这个概念"的程度。但通过后续调查以及笔者在实践过程中与学生的沟通和交流发现,事实上超过三分之二的学生都对家国情怀的相关问题有浓厚的兴趣,并且在所期望的培养方式上带有明显的选择倾向。相比较于传统的讲授法,学生们更愿意通过多媒体、课外活动等形式接受家国情怀教育。这也对我们的教学设计产生了很大的启示,家国情怀教育属于情感教育的范畴,相比较于知识技能,更适合运用多样的教学形式,创设适当的情景使学生在潜移默化中接受教育。

第三节 家国情怀核心素养下的历史课堂教学设计

在进行家国情怀核心素养下的历史教学设计之前,关于高中历史家国情怀的考学教的探讨和在教学设计中运用历史家国情怀的原则是我们必须明确的,因此本节笔者将从高中历史家国情怀的考学教探讨、家国情怀核心素养的运用原则和家国情怀教学设计案例三方面进行分析。

一、高中历史家国情怀的考学教探讨

(一) 改变教学思路,关注学生个体发展

历史教师要努力改变教学思路,在教学中注意关注每个学生的家国情怀素养,让他们通过历史的学习对祖国和家庭有概念上的理解和认知,知道爱国情怀是主体对共同体的一种认同,强调个人修身、重视亲情、心怀天下,既与民族精神、爱国主义等传统文化有重要联系,又是对这些传统文化的超越。教师在教学中要调动每个学生的积极性,课堂教学要带有人文的精神和氛围,教师在讲解家国情怀时,要注意多联系实际生活,从而提高学生的学习兴趣。这样的教学方法,让学生在学习中关注力更加集中,有效地将教学和学习统一,家国情怀核心素养在课堂上得到了很好的体现。[①]

(二) 对家国情怀核心素养进行适当的情景教学

历史课程是一门比较形象化的课程,适当地对历史课程设置情景能更好地帮助学生理解家国情怀,让他们在主动、合作探究的过程中体现出爱国主义情怀,形成良好的价值取向。比如在教经济危机和罗斯福新政时,教学目标是让学生掌握世界经济危机对全球的影响以及罗斯福新政带来的变化等,在讲述中教师为了将家国情怀和经济危机

---

①常亚欣. 基于核心素养的高中历史课堂教学设计与呈现[D]. 哈尔滨师范大学,2018.

进行统一的教学,可以开展一定的情景设置,在教学开始前,教师可以用多媒体播放有关经济危机的史料,学生通过阅读和看视频能够提升对不同国家经济危机的理解和家国情怀人文修养,让学生知道经济危机不仅会影响经济,更会对一个国家人民的生活产生重大影响,只有国家底子硬了,人民团结了才能更好地应对经济危机。看完视频后,教师将学生进行分组,小组成员分别扮演不同的角色,让他们通过谈判去争取所带代表角色的利益最大化。这样的情景教学方法让学生通过主动合作探究,知道了经济危机下各国领导人是采取怎样的方式来维护本国和平和稳定的,从而让自己的家国情怀素养得到很大的提高,体现出了核心素养下的教与学的统一。

(三) 历史课堂教学与生活实践相联系

课堂教学毕竟是小范围的,教师在课下要带领学生进行家国情怀的历史实践教学,带领体验我国悠久的文化历史,让学生内心得到文化的感触,更懂得珍惜自己的生活。比如可以带领学生参观历史纪念馆,在导游的讲解下结合所学知识对革命精神理解得更深刻,从而产生崇高的敬仰之情,无形之中提高自己的爱国主义思想。以上这些都是家国情怀在学生日常生活中的体现,教师要多对学生进行社会实践层面的核心素养培养,体现历史学习的人文价值。

(四) 让学生领悟家国情怀的具体含义

在高中历史教学中,教师首先要丰富自己的历史素养,从专业知识和人文情怀等各方面加强自己的整体能力。

在教家国情怀时,应让学生知道家国情怀就是古人提倡的"修身齐家治国平天下"的情怀,中国传统文化孕育、孵化和生成了中国的"君子"文化,并使君子人格成为人们追求和向往的理想人格。要让学生体会到家国情怀与社会主义核心价值观的紧密联系,倡导新时代的家国情怀和君子人格,是富强、民主、文明、和谐的社会主义核心价值观在国家层面追求的目标。

在高中历史的教学中要让学生深刻领悟家国情怀的含义,从而让他们具有崇高的个人理想，在学生平常的学习中教师要多让他们关注我们现代社会中家和国的概念，在学习中不能将两者孤立，要让彼此真正地联系起来，从而让学生对家国情怀的内涵意义了解得更深。

高中历史教学中要注重培养学生的家国情怀核心素养，在教学、学习和考试中将教学内容与之统一，让学生首先了解什么是家国情怀，具体的内涵意义是什么，然后再开始进行下一步的教学，这样学生不仅提高了历史成绩，也在历史学习中增强了自己对国家和家庭的理解。这是一种有效的教学手段。教师要转变思想，对学生全面关注，理解每个学生的心理发展特点，开展家国情怀的针对性教学，让学生能从现实生活中体会到家庭和国家对一个人和集体的重要性，这样才能体现出历史教学家国情怀核心素养下的教育大众化和公平化的特点，满足高中历史新课程改革的教学目标。

二、教学设计中运用家国情怀核心素养应遵循的原则

家国情怀作为历史学科核心素养的重要内容，它的运用与实现应遵循一定的原则，具有一定的理论支撑，而不是生搬硬套的自由发挥。在教学设计中运用家国情怀核心素养时必须遵循以下原则。

(一) 事实性原则

家国情怀的运用也应建立在事实的基础上，运用求真的教学理念，使学生真正感同身受。流露出真实的情感离不开真实的史料，选取真实的史料才能在历史教学中使学生掌握真实的历史，提取到历史事件发生的时间、地点、人物、过程等信息，才能使学生得以信服，才能激发学生内心深处强烈的情感。教师在日常教学中，首先要做到以史实来教授知识，缺乏事实根据的历史是站不住脚的，脱离事实的历史会给学生带来不可预想的负面影响。所以，教师在备课与授课中要始终坚持事实性原则，以史实为基础，以史实引导学生体会历史的奥妙，从而激发学生的家国情感。

(二) 理论性原则

家国情怀的运用要遵循历史唯物主义与辩证法的理论。人类社

会发展的一般规律,其终极原因和动力是社会的经济发展,同时,辩证法也强调思与实证的统一,这是家国情怀学习的必备理论。无论它的体系化程度有多么高,都将受到使用者的价值观、理论思维模式及其所具有的方法论体系的制约,换句话说,培养家国情怀这一核心素养的成败取决于所运用的理论指导是否正确,而不是空洞的框架。在对事件进行客观理解时,教师要具备一定的理论储备,要熟悉教材,熟悉与家国情怀相关的史料素材,有一定的体系建构,理解家国情怀的含义及其理论依据。在理论的指导下,教师才能有针对性地对所教授对象进行正确的传授,知道在什么历史素材中可以引发学生对家国情怀的感性认识,什么知识点需要理性看待。恰当运用家国情怀不是盲目的任意选择,而是教师在内心深刻认识家国情怀的基本内涵,再将其转化为学生所能理解的通俗易懂的课程内容。

另外,教师需要引导学生用丰富扎实的理论基础去看待问题、分析问题,理性地看待历史学科核心素养中的家国情怀,同时也要辩证地看待其他四大核心素养,要认识到人类历史发展的基本规律,且能将这种思想应用到生活、学习和工作中。历史的发展是客观的,客观的同时又蕴含了不可忽视的理论支撑。通过对历史核心素养中家国情怀的理论理解,发现其规律性,从而达到事半功倍的效果。人本主义心理学家马斯洛提出的需要层次理论中,那些力度不强,但对人的发展影响深远的动机称为元需要。笔者认为家国情怀的培育也可以称为"元需要",历史学科核心素养中的家国情怀能够影响个人的价值观,对个人的成长产生深刻的影响。因此,在教学中应引导学生了解家国情怀的基本内涵,遵循其教育原则,使学生在历史学科的学习中逐步形成正确的价值观、必备品格和关键能力。

(三) 理性原则

历史课堂中的爱国主义教育可以说是比比皆是。古代中国,涌现出岳飞、文天祥等英雄人物,留下可歌可泣的爱国故事。近代中国,面对民族危机,爱国主义的精神日益增强,"救亡图存"之声成为时代的最强音。从林则徐的"苟利国家生死以,岂因祸福避趋之",到秋瑾的

"拼将十万头颅血,须把乾坤力挽回",皆是爱国主义与民族精神的生动写照。

爱国是每个公民的责任和义务,但什么是爱国？爱国是一种朴素的情感,从来不需要刻意提起、煽情渲染,但总是不时油然浮现。爱国不是喊口号,爱国需要激情,但更需要理性。理性来自明辨,笃行方能永恒。理性的爱国主义是指在求真求实的基础上,理性表达自己的观点和看法,不盲从,不跟风,以维护国家利益为先,以保证经济社会的平稳较快发展为要旨。依托历史教学,伸张理性爱国。

三、家国情怀素养培养的教学设计研究——以《鸦片战争为例》

(一) 备课环节

1.教材分析

《鸦片战争》是人教版高中历史必修一第四单元"近代中国反侵略、求民主的潮流"的第一课。鸦片战争作为中国近代史的开端,关系到本单元的后续学习,为学生家国情怀素养培养奠定基础。本课要求学生认识鸦片战争对中国社会的影响;概述晚清时期中国人民反抗外来侵略的斗争事迹,理解其性质和意义。除此之外,在教学中教师需要通过对中国和世界形势的分析,培养学生辩证地分析历史事件的能力。从课程内容看,本课的重难点比较突出,涉及鸦片战争爆发的主客观因素分析、对中国社会产生的影响;特别是在《南京条约》中涉及的名词概念,防止学生混淆,要重点解释。

2.学情分析

高一上学期是学生培养历史学习兴趣和习惯的关键时期。由于在初中历史课堂上,学生已对鸦片战争有了简单的了解和认识。因此从这两方面出发,本课应在内容的深度和广度上做文章,借此提高学生的分析能力和学科素养。由于学生具备一定的自主合作探究能力,所以要提出具有思辨性的论题进行思考。最终让学生对鸦片战争甚至是整个中国近代史都有比较全面、多元的思考与认识。

3.教学目标

基础知识:通过对中国和英国两国各方面形势的分析,掌握鸦片战争前中国的社会状态;理解爆发鸦片战争的原因;掌握《南京条约》的基本史实和对当时中国社会带来的影响。

过程方法:利用历史史料和历史地图培养学生学会利用时空观念和唯物史观看待历史事件;合理使用视频等多媒体教学手段通过情景教学法、探究法等培养学生的家国情怀素养,激发爱国情怀。

情感教育:通过学习促使学生形成近代民族国家概念;增强学生对近代中国的国情认识。

4.教学方法

充分利用图文资料,培养学生解读史料、史论结合的分析能力;合理利用多媒体视频、创设情景式教学促使学生切实体会社会状况,激发学生爱国情感;三个部分的设计遵循循序渐进的原则,通过对比、问题设置等方式培养学生多角度、全方位的挖掘历史信息能力进而达到升华家国情感认识的效果。

(二)教学过程

1."战争背景"教学中家国情怀素养培养

在对鸦片战争背景分析之前,通过导入部分内容让学生对鸦片战争爆发有所了解,引发学生主动学习和探究的兴趣。

导入:多媒体展示罂粟花和茶叶两种植物图片。提出问题:这两种植物的用途分别是什么?为什么这两种植物能够引发战争?进而引导学生思考战争爆发的背景。

材料1:鸦片战争爆发前,在正常的中英两国贸易中,英国长期处于贸易逆差状态。中国自秦以来一直是以自给自足的自然经济为主的封建国家,对外国商品的需求量很低,同时清政府又实行闭关锁国政策在一定程度上限制了对外贸易的规模,这对外国商品特别是英国商品的输入起到了很大的限制作用。英国输华的商品主要是纺织品、金属制品和从印度运来的棉花,而它又急需中国的茶叶、生丝等商品。

据相关贸易数据显示,1830年,英国进口中国茶叶3000万磅;到1840年时,已经高达5000磅。

材料2:由于长期的贸易逆差会威胁到国家战略安全,并且英国工业革命急需商品输出,改变现状。因此,在种种尝试失败后,英国人把目标对准了鸦片贸易。鸦片在中国的销售既不同于纺织产品,也不同于印度棉花,基本没有波动一说,销售量一路上扬。从此,英国长达200年的贸易逆差实现了历史性的扭转。

通过史料分析,让学生进一步明确鸦片战争爆发的直接原因。再通过观看历史影片《林则徐》虎门销烟中的片段来展示当时的历史环境和社会现象。为使学生能够多角度特别是从世界意识角度认识战争爆发背景,教师还需要通过展示图片和文字信息的方式来对比中英两国在政治、经济、军事、外交和文明形态等方面的差异。这就把战争发生的必然性问题交给学生去分析,从情感角度让学生培养家国情怀素养。

2.“战争过程”教学中家国情怀素养培养

这部分内容用两种方法进行处理。一种是“粗”:利用历史地图带领学生了解两次鸦片战争的基本过程,通过时空观构建起学生对国土和家园爱惜的意识。一种是“细”:创设不同的问题情境多视角地指导学生深入审视鸦片战争带给中华民族的教训与启示,进而培养学生的家国情怀。

多媒体展示鸦片战争示意图,了解战争的基本经过。然后从三个角度对鸦片战争进行全面细致地分析解释,学生可通过小组合作的方式得出结论。

角度一:外人看侵略。展示1862年日本《万国人物图会》里中国抗英英雄画像;英军对三元里和定海人民抗英斗争作出的评价。

思考:外国人为何高度评价中国英雄?我们从中强烈地感受到怎样的民族精神?

角度二:辩证看晚清。材料:1800年中国占世界工业生产的1/3;1820年的世界GDP总量中,中国占28.7%;1840年清朝有八旗兵80

万,英军只有7000人,后才增至2万人。

思考:"世界GDP排第一"的清政府为何战败?

角度三:阶层看启示。材料:鸦片战争失败后,魏源曾在其《海国图志》中发出"师夷长技"的呐喊,但仅是昙花一现,他的著作根本无人问津。清政府并未深究战败原因,没派人出国考察,也没进行任何改革;就连美国主动要求提供制船造炮技术,也被婉言谢绝了。

思考:面对失败,清廷上下做何反应?有何教训?

通过以上材料和问题的设置,学生可以进行以下总结:首先,学生明确了中国人民在遭受侵略时展现出的英雄气概,不仅仅影响了之后的反侵略斗争;其次,通过数据比对,学生清楚了解到清政府在战争前夕和过程中的表现,解释"落后就要挨打"进而与时政联系说明"强大不意味侵略"的道理,对当下中国作为有担当的责任大国在全球事务中发挥的巨大作用进行说明以培养学生的国家自豪感;最后,清政府上下对待战争和不平等条约的态度,也让学生进一步思考当时社会的出路和未来。

3."战争影响"教学中家国情怀素养培养

通过表格的形式归纳和概括不平等条约的签订内容和危害能让学生更加直观地感受到清政府在主权意识和外交观念上的缺失。但是必须让学生明确的是,鸦片战争对中国的危害极大,但客观上鸦片战争在一定程度上对民族觉醒和中国社会的近代化方面带来了一定的正面影响。这部分内容可以通过展示洋务派兴建军用、民用企业,建立近代学校和海军的图片等来进行说明。

(三)教学效果及反思

《鸦片战争》一课综合运用了多种方式培养学生的家国情怀素养。多角度多史料的解读信息能够培养学生阅读、理解和处理历史信息的能力进而达成培养目标。并且在设计过程中,尽可能全面地展示本课教学内容中体现的家国情怀素养。

从课堂的效果上看:首先,学生能够掌握基本知识,并学习了史料分析的方法。由于利用了形式多样的教学方法,学生能够在课堂中发挥主体作用,对近代中国的国情和近代化问题有所思考。其次,课堂状态较好。学生能够充分地对问题进行思考,合作探究没有流于形式。在教师层层启发下,学生可以自己动脑得出结论。再次,学生可以在学习过程中掌握解读史料的方法便于以后的历史教学。最后,针对"落后就要挨打"这一结论的分析,要求学生进行逆向思维,落后不是挨打的必然条件,强大也不能作为侵略的借口。当今世界,我国走的是和平发展道路,当今的强大代表的是责任和担当。教师必须通过分析历史培养出学生对祖国的自豪感和自信心。

但是纵观本课的全部内容,不足之处仍然很多。首先由于教学内容较多,在时间的安排上略显紧张,特别是对战争背景部分的分析,时间过长;其次战火再燃这一部分以自学为主,对于学生的掌握情况不能准确把握;再次家国情怀素养仅仅是五大核心素养之一,每一课的内容不可能只体现一种素养的培养,而本课涉及的许多史实又均体现了家国情怀素养,所以在具体的培养过程中如何做到让学生既掌握了基本能力又在接受道德教育时爱听,不沦为空话,是所有教师在处理此类问题时要共同面对和解决的一大难题;最后对学生进行情感教育的量化和评估需要教师课下对学生的生活和情感状态有所了解和把握。因此,如何建立真正行之有效的家国情怀素养评价标准是日后教育专家和教师们要关注的重要问题之一。

第四节 家国情怀核心素养下的历史课堂教学途径

家国情怀是学习和探究历史应该具有的人文追求和价值关怀,青年一代乃至全体国人都需要人文情怀,学会关注现实问题,以国家强盛、民族自强和人类社会的进步为使命。因此,结合调查发现的问题,对基于学生家国情怀培养的历史教学设计提出了几点建议。

一、教师本身要树立正确的家国情怀观念

20世纪80年代以后,世界各国根据本国国情,对本国教师的职业道德水平作出了具体要求,由于历史学科的学科特性,相关要求中对历史教师的标准更高,各国虽国情不同,但"爱国意识"却是各国对待教师道德素质的首要要求。"家国情怀"核心素养,不仅是对学生,更是对教师提出的具体素养要求。教师要想当好"引路人"的角色,就应该首先具备这些素质。历史教师要以民族、国家、人类的发展为责任,在育人过程中以"以人为本"的观念为指导,所有教学活动都应体现人文精神和科学理念,使我们的学生能够通过接受教育独立地、理性地思考人生、历史和社会,使我们民族的、国家的乃至全人类的理性和灵魂永垂不朽,最终实现人类的解放和自由。这就是历史教师的真正历史使命。这也与"学习和探究历史应具有人文关怀,要关注现实问题,以服务于民族昌盛、国家振兴和人类社会进步为使命"的家国情怀培育目标相一致。因此,为了对学生的家国情怀进行培养,教师应该首先将其内化为自身的修养。为了在课堂上更好地对学生进行引导,达到对学生进行家国情怀教育的目的,教师应自觉通过各种途径提升自己的核心素养和专业化水平,只有教师树立正确的家国情怀观念,才能将家国情怀的情感培养融入日常教学设计,从而真正实现对学生进行家国情怀教育的目的。

二、尊重学生的主体地位,利用多种手段构建家国情怀培育情景

目前中学历史课堂中家国情怀教育出现的问题主要有:学生很少接触到与家国情怀教育相关的素材、教师通常采用单一的模式进行教学设计。为了解决这些问题,我们可以选取适合进行家国情怀教育的课程,采用情景教学的方法,在课堂内、外设置不同的情景模式进行教学和课外活动设计,增加课堂内、外体现家国情怀的素材,同时充分发挥学生的主动性,在学习知识技能的同时,达到情感目的的教育。情景教学法注重在教学过程中,教师根据课程内容用形象丰富的图片、

生动的文学语言、触及心灵的视频音频材料,重现课文中所描述的场景,使学生如闻其声、如临其境、如见其人,使学生在场景中感情得以培养、思维得以启迪、想象得以发展、智力得以开发等,培养学生探究发现问题的能力和分析解决问题的能力。因此,在教学过程中创设有利于培养学生家国情怀的教学场景这一方法,在对学生进行情感教育方面有着得天独厚的优势。

(一) 在课堂教学设计中进行基于家国情怀的情境创设

现代学校教学的主要形式大多以课堂教学为主,班级授课制是近代以来学校教育普遍使用的一种手段。从学科特征看,历史学科因其史料的真实性、内容的全面性和功能的借鉴性等特点,在中学生情感的培育中具有其他学科所不具有的优势。因此在历史课堂中创设相关场景是对学生进行家国情怀教育的可以采用的重要形式,在进行场景相关的教学设计时应坚持两方面的内容,即历史学科的学科特征和人文性。

历史学的主要功能是研究人类发展过程,是在一定的历史观的指导下,对人类历史的阐释。寻找历史真相,归纳历史经验,总结历史规律从而顺应历史发展趋势,是历史学的重要社会功能。同时,高中历史课程还担负着历史学的教育功能。普通高中所进行的历史教育,是基于历史唯物主义观点的,从多个角度力求真实地还原历史真相,总结人类在历史上创造的文明成果,揭示人类历史发展的基本规律和大趋势。因此在进行教学设计时应把握好主要问题和次要问题,切不可一味追求课程的情感教化而忽视了历史课堂上的知识讲授和历史能力训练。家国情怀是一种对国家、对本民族以及民族文化的高度认同感,也是历史学习应有的人文追求。家国情怀课生发于历史、语文、地理、政治等主要人文学科之中,而历史课程的功能、内涵、培育准则和策略决定了历史是最适合进行家国情怀教育的学科。因此,人文性是进行家国情怀教学设计时不可忽略的重要特性,学生的家国情怀不是凭空产生的,而是以历史为首的人文学科在营造极具教育意义的场景后,在潜移默化中从学生心中激发出来的。

(二) 在课堂外进行有关家国情怀教育的教学设计

教育家杜威提出了"从做中学"这个基本原则,他认为教育过程就是"做"的过程。如果没有"做"的机会,那必然会阻碍学生的发展。因此对学生进行家国情怀教育,不应该仅仅局限于课堂教学设计这样单一的形式。在笔者进行本节课的教学设计时,恰逢G区举办主题为"指向核心素养的课程改革"活动,笔者带领所在班级进行了"基于家国情怀核心素养的校本课程"展示活动,采用模拟历史场景的方式,与同学们一起编排、表演历史剧,学生们在了解相关史料、进行历史剧编排以及排练过程中,不仅锻炼了自主探究能力和动手能力,而且通过角色扮演进入角色内心世界,在心中对国家领土有了更感性的认识,从对"乡土""国土"的情感依赖中,将家国情怀融入血脉。这不仅是一次成功的课外活动体验,同时也是对于课外教学设计形式的一次全新尝试。

三、筛选有利于培养学生家国情怀的教材内容,适时补充相关材料

家国情怀是中华民族在数千年的历史发展过程中形成的重要情感积淀,也是现代历史课程所要求的重要的核心素养之一。历史学科作为一门重要的人文学科,很多历史事件都体现着家国情怀的深刻主题。历史教材作为历史课堂的重要载体,结合家国情怀核心素养,有很多值得深入挖掘的地方。因此教师在进行教学过程中,应对教材进行深入地研读,改变以往以知识传授为主的教学设计观念,利用相应的课程内容对学生进行家国情怀教育,激荡学生的内心世界,培养学生对国家富强、人民幸福的向往以及对民族的认同感、归属感和责任感。

四、加强对在职教师的核心素养教学设计能力培训

在职教师定期接受培训属于教师继续教育的重要组成部分,这是一种观念,也是一种制度,是在飞速发展的现代化社会保证学校教学质量的必然选择。法国政府早在20世纪70年代就将本国中小学教师在职培训正式纳入师资培养体系,实施主题为"六年内全国中小学教

师再教育"的计划,并规定每个教师都享有每年学习进修假两周的权利,总计一生中有学习进修假两年并受法律保护。日本认为教育公务员必须经常地接受研修教育,这是教师一项长期的任务。此外,英国规定新教师最少用1/5的时间进修,正式教师连续工作满7年者可带薪进行为期3个月的进修一次。

我国针对在职教师的培训机制仍有很大的完善空间,虽然《中华人民共和国教师法》《中华人民共和国义务教育法》《中国教育改革和发展纲要》这些法律和文件中,对在职教师的继续教育问题有所说明,但缺乏一定的强制性。

针对目前历史教师缺乏将家国情怀融入教学设计的能力现状,对教师进行基于核心素养的教学设计继续教育是必然选择。但基于核心素养的继续教育程序不是孤立存在的,它是一体化的教师继续教育体制中的一个环节,因此基于核心素养教学设计的历史教师继续教育培训程序的发展,依赖于整个继续教育体制的发展和完善。针对这个问题,首先可以向其他国家学习,通过建立法律法规来保障在职教师的继续教育权;其次,根据教师专业发展的理论,在教师入职前和在职教育期间,进行规划设计,贯彻终身教育思想,把基础教育师资的培养和在职教师的培训渠道贯通,建立起衔接教师教育各个阶段、各有侧重的教师教育体系;最后,教师的继续教育手段不应拘泥于集体培训,与师范类院校的合作办学模式、鼓励在职教师继续深造等手段都是提高教师专业技能的重要手段。

总之,教师基于核心素养的历史教学设计能力的提升,离不开紧跟教育发展潮流的技能培训,只有教师相关技能得以强化,才能更好地将家国情怀核心素养融入日常教学设计之中。

第四章 基于历史解释核心素养的历史课堂构建

第一节 历史解释核心素养概述

一、历史解释的源流

历史解释作为历史学科的五大核心素养之一,历史解释是指以史料为依据,对历史事物进行理性分析和客观评判的态度、能力与方法。所有历史叙述在本质上都是对历史的解释,即便是对基本事实的陈述也包含了陈述者的主观认识。人们通过多种不同的方式描述和解释过去,通过对史料的搜集、整理和辨析,辩证、客观地理解历史事物,不仅要将其描述出来,还要揭示其表象背后的深层因果关系。通过对历史的解释,不断接近历史真实。从这一定义和内涵阐释看,历史解释包括解释的依据、解释的基础、解释的目的、解释的方法、解释的内容、解释的对象、解释的呈现等各方面内容,体现了当今中国史学界的专家们对历史学、中学历史教育的认识。

纵观历史学的发展过程,对历史解释的重视源远流长,对历史解释的探究历经曲折。早在古希腊时期,希罗多德就开始采用史料批判的方法撰述历史,处理史料时秉持求真存疑的态度,分析历史原因时坚持人文主义立场。修昔底德提出更严格的史料辨析、考证要求,力求如实描述事件的过程,重视分析历史事件之间的因果关系。他对伯罗奔尼撒战争起因的分析结论后来被哈佛大学政治学家格拉汉姆·艾利森引申为著名的"修昔底德陷阱"。古希腊史学家波里比阿则提出了更为科学的解释历史的方法,认为史学领域的首要任务是明确过去使用的词句的意思,其次是进行因果分析,弄清某项政策、措施成败的原因,主张真实地记录和解释人们过去的活动,认为历史可以成为人们的行动指南,比照历史上的事实人们可以推测未来。他还扩大了历史视野,将原来的希腊世界扩大到整个罗马世界,重视从整体的历史运动而不仅仅是个别事物入手考察历史。

对历史解释的探究在理性主义史学时期获得初步发展,表现在历史动力、历史哲学、历史规律、求真方法、人类历史的统一性、因果分析、评价标准等方面取得了进步。理性主义史学产生于启蒙时代,认为理性的力量是推动历史发展、进步的动力,人类历史就是理性发展的历史。在历史解释的任务、方向上,在传统的收集、整理、描述史实、探究因果关系之外,历史哲学之父维柯提出历史解释需要探究人类历史总体规律,这为历史研究指出新的方向。

历史解释在浪漫主义史学风行时期获得了一定的发展,表现在历史连续性的观念、诠释学的发展、黑格尔的历史哲学、综合与分析方法、阶级斗争学说等方面。浪漫主义史学反对理性主义史学割裂历史的做法,强调历史发展的连续性和联系性,重视中世纪历史的研究,对历史解释的探究在19世纪历史主义史学、兰克客观主义史学、实证主义史学中得到大幅度发展。

在史料问题上,历史主义史学主张深入挖掘和考证史料。洪堡就认为理解历史现象必须以确定历史现象的真实为基础,进而理解现象中隐藏的理念。历史主义史学认为人性和理性的形成都离不开特定的时空、具体的历史环境,历史拥有具体性、独特性、个别性的特点,强调以直觉沟通理解历史,主张设身处地地去理解各时代的历史文化。德罗伊森强调历史发展的连续性,认为历史研究的目的在于把握历史的总体。兰克客观主义史学吸收历史主义史学关于历史独特性、个别性的思想,反对理性主义史学关于人类历史发展"普遍一致性"的观点,主张撰写各个民族、国家各具特色的历史。认为历史学应该不同于自然科学和哲学,历史研究应当将重心置于单个的、特殊的史实。

兰克学派认为治史应当广泛搜集资料,严格考证,客观叙述,研究历史的首要目标是"如实直书"、弄清事实真相,而不是教育现代、利于未来;认为史学家能够做到不偏不倚、绝对客观,史学家通过收集、考证、鉴别档案就可再现真实的历史,不需要史学家的主观想象;认为在历史进程中,总的趋势、倾向并非起决定性作用,伟人的作用不可或缺,并将历史研究的目光主要聚集在显要人物身上、圈定在政治史领域。兰克学派对档案史料的重视、提出的判断史料可信度的原则、"内证"与"外证"相结合的史料考证方法奠定了近代西方史料批判、文献考证学的基础,泽被中西,影响了中国傅斯年的史学思想。

实证主义史学将历史学视为自然科学,历史研究应当在广泛搜集、观察、考证、辨别史料、确定其真实性的基础上,对史料进行分类、分析、归纳、概括,揭示因果关系,探求历史发展规律。提出多因论,认为经济、法律、道德、宗教等共同推动历史发展,人类历史发展进程具有一致性,不同民族会经历类似的发展阶段。实证主义史学将史学研究领域从政治史拓展到经济史、社会史,指出历史学家应关心各个民族整个的社会生活。在史学方法上,注重学习、借鉴自然科学的研究方法。

对历史解释的探究在20世纪的新史学中出现了转向。20世纪年鉴学派一反兰克传统史学偏重政治史的做法,主张融合地理学、经济学、社会学、心理学、人类学、语言学等各门社会科学为一体,研究"总体史",开拓新的研究领域如心态史学、结构史学、计量史学等。在研究方法上,借鉴经济学、社会学等其他学科方法,主张跨学科合作研究,倡导"问题史学",即提出问题、做出假设、确定研究方法,重视解释、综合、理论概括。针对新史学过分强调社会学的分析方法和计量方法导致史学原有特色消失,走向枯燥、僵化的现象,20世纪70年代历史学领域发生了学术范式的又一次转向——叙事的转向。新叙事主义史学重新将人而非环境置于主体地位,强调研究个体的人而非群体,重视借鉴心理学、人类学的方法和成果,主张采用多重因果关系解释历史事物,语言结构上重视对历史事物的描述而非分析。

诠释学的发展为历史解释的深入探究注入了一剂强心针。狄尔泰继承维柯关于人类能够认识、理解自己所创造的历史的思想,从"体验诠释学"的角度指出读者可以通过自身对作者心理过程的"体验"来重建历史情境,通过移情进入对象的思想感情状态中,将主体融化在客体之中,同时又在客体之中找到主体,以此来达到对作者原意的理解。读者能够借助"体验"理解文本的原因是因为生命具有共通性。历史学家对他人的理解依赖于史学家自身内部的体验来补充用感官看到的东西,理解在本质上是"一种自我转换或一种想象的投射"。在狄尔泰看来,历史解释中理解作者的原意就可揭示史料的意义,因为作者的意图等同于历史文本和历史活动的"意义"。史学家在进行历史解释时要尽力克服自身的偏见和主观意图,史学的客观性、历史理性的能力体现为可以在多大程度上消解史学家的偏见。消解偏见的办法就是从当时的历史环境和历史条件出发,收集资料、证据,通过研究人类精神的客观化的体现物,如建筑物、艺术品、文物、风俗、国家、法律、宗教、哲学等来揭示历史的意义、人类精神的发展过程。[①]

克罗齐的历史诠释的核心命题是"一切真历史都是现代史",认为"现代性"是"一切历史的内在特征",人类是"从现在重想过去,不是使自己脱离现在"。克罗齐强调思想的重要性,认为"历史主要是一种思想活动,编年史是一种意志活动。一切历史当其不再是思想而只是用抽象的字句记录下来时,它就变成了编年史,尽管那些字句一度是具体的和有表现力的",强调历史诠释中的主观性,主张精神之外无实在,认为"史料存在于历史之外的看法也是一种应予消灭的假想","生活与思想才是真正的史料",那些只是编写历史文献资料而没有历史思想统率的历史不是真正的历史。

科林伍德同样重视思想的作用,他在对比自然科学和历史学之后指出,历史的过程不是单纯事件的过程而是行动的过程,它有一个由思想的过程所构成的内在方面;而历史学家所要寻求的正是这些思想过程。一切历史都是思想史。历史学家应该重视寻求行为背后的思

[①]陈家华主编. 基于高中历史学科核心素养的教学设计[M]. 宁波:宁波出版社,2018.

想动机,寻找动机的方法是在他们自己的心灵中重新思想它们,也就是在历史学家自己的心灵中重演过去的思想。那"重演过去的思想"时史料的作用如何呢?科林伍德认为只有当统计学的概括有助于探测所概括的事实背后的思想动机时才对史学家有用处。阅读史料、书籍时,科林伍德认为优秀的史学家应当是带着问题去阅读它们、拷问它们,要从一段话里公然提炼出某种完全不同的东西来构成对他已经决定要询问的那个问题的答案。柯林伍德强调历史学家的想象力对于历史理解的作用,否认历史过程的客观性,认为历史的进步源于历史思维的发展,进步并不仅仅是一件要由历史思维来发现的事实,而且只有通过历史思维才能完全出现的。

在西方传统的主客二分思维方式下,理解常被视为主体所拥有的了解、解释客体的主观意识能力,海德格尔改变了这一思维方式,把理解作为此在(海德格尔的用语,指正在生成的、每时每刻都在超越自己的人,是一种能追问存在意义的存在者)的存在方式,认为理解是人类生命原始的存在特质。当此在(即人)理解自身存在的意义时,就是理解它自己的可能性,理解它所能是的东西,理解它自己的历史。这种理解不是此在的一种能力,也不是它的主体能动性,而是它的一种特殊存在方式。人总是一种被解释的存在,并在这种解释中向着未来开放。理解和解释都具有历史性,对意义的理解都是从人的历史性出发,在一定的给定性的条件下的有限理解。海德格尔认为解释的基础是"先行具有、先行见到、先行掌握",指出"任何解释工作之初都必然有这种先入之见,它作为随着解释就已经设定了的东西是先行给定了的",认为任何解释都要以"前理解"(即前见)为条件,同时受"前理解"(前见)制约,所有解释都包含主观因素。

海登·怀特是叙述主义史学最有影响的倡导者,他把对历史的理解视为一种语言结构,认为通过分析语言结构就可把握编织过的历史。怀特认为历史已经逝去不可复原,呈现给解释者的是一堆"素材",对素材的理解和连缀使历史文本具有一种叙述话语结构。海登·怀特在基本的语言修辞结构中找到历史叙述的四种比喻法:隐喻、借喻、提喻和反讽。隐喻是基于相似原则来使用的,借喻是基于邻近原则,提喻是基于事物的部分服从整体的原则,反讽则是基于对立性原则来使用的。在怀特看来,历史叙述能否条理清晰取决于起决定作用的比喻表达模式,历史叙述的各种形式都是试图从比喻上,借助诗意的想象和合理的虚构把握世界。怀特认为历史的意义不会直接从史料中显现出来,历史学家需要超越史料,把史料整理成一个故事的形式,并往历史事件中充入一个综合情节结构的象征意义。历史叙事就是利用真实事件和虚构中的常规结构之间的隐喻式的类似性,来使历史事件产生意义。对同一历史事件,不同的史学家有着不同的解释,原因就在于这些解释是他们整理关于事件材料的语言规划的投射。海登·怀特区分了三种历史话语的解释模式:情节解释模式、形式论证解释模式、意识形态解释模式,并指出情节模式、形式论证和意识形态的各种样式不能任意地联结在一部著作中。每种解释模式可适用不同的情形,情节解释模式适用的四种不同样式是传奇原型、喜剧原型、悲剧原型、反讽原型;形式论证模式则适用于形式主义、有机主义、机械论和语境论;意识形态解释模式则适用于无政府主义、保守主义、激进主义和自由主义。在海登·怀特看来,历史"事实"并不是"探索者通过询问他面前的现象所'发现的',而是'构造出来的'"。

二、历史解释的价值定位

(一)历史解释是诸素养具体落实的支点,也离不开其他素养的支撑

从高中历史教育的角度来看,历史解释素养是历史学科五大核心素养之一,是诸素养中对历史思维与表达能力的要求。历史解释素养是检验学生的历史观和历史知识、能力、方法等方面发展水平的重要指标。历史解释素养是其他素养具体落实的支点。

首先看唯物史观。唯物史观作为科学的史观和方法论,可指导学生对具体的史事进行合理解释、客观评价,指导学生全面、客观地论述历史和现实问题。其次看时空观念。时空观念作为认识历史所必备

的重要观念,在历史解释的过程中无处不在,因为任何历史事物都是在特定的、具体的时间和空间条件下发生的,只有在特定的时空框架当中,才可能对史事有准确的理解。再次看历史理解。历史解释是历史解释的基础。时空观念作为一种思维方式,本身是历史解释希望达成的目标之——发展学生的历史思维的组成部分。从次看史料实证。史料实证是诸素养得以达成的必要途径,历史解释必须"以史料为依据",史料的丰富性、可靠性、全面性、权威性、完整性如何直接关乎历史解释的正误、连贯、缜密与否。最后看家国情怀。家国情怀是诸素养中价值追求的目标,是学习历史、研究历史应具备的人文追求。

(二) 历史解释架起过去、现在和未来的桥梁,是历史思维养成的脚手架

从历史学的角度看,历史学是对历史运动过程进行解释的学科,史学发展离不开历史解释。德国哲学家恩斯特·卡西勒说过,我们所有的历史知识包含着很大的不确定性。人们用以表达其观念、感觉、情绪、愿望、思想和信念的符号在短时间以后就变得难以理解。历史就是要复活这些符号,使它们恢复为一种新生命,使它们再次变成易读的和可以理解的。也就是说,时间距离会给生活在不同时空环境中的人们理解其他生命活动的外化"符号"造成障碍,人们需要依赖历史解释复活这些"符号",使历史可以被理解。历史知识的发展需要历史解释,如果说历史是关于以往人们一切活动所留下来的行踪的知识,那么,对这些行踪的解释一直改变着这种知识。历史解释的重要意义不仅体现在我们只能"通过阐释工作来认识或理解过去、认识或理解前后相继的精神世界"来丰富我们的历史知识,还在于历史解释有助于我们理解当下、思虑未来,形成历史意识和历史思维。"人只能根据过去理解现在",历史学家对历史的解释通常是从现在出发将自己对未来的憧憬、理想投射于对过往历史的理解与解释之中,历史解释架起了认识过去、理解现在、筹划未来的桥梁。历史理解、历史解释、解释的主客体都是一种历史性的存在,对历史的解释会随着时代的发展、解释者视域的拉长而越来越丰富、越来越深刻。

三、历史解释素养概念的把握

从史学和解释学的发展历史来看,对历史解释的探究经历了漫长的过程,课程标准中的历史解释的含义需要从史学的性质、特点来把握。史学具有科学的特性,因而解释历史时需要持严谨、科学的态度,要以史料为依据,而非个人的直觉、想象为依据;要理性分析、客观评价,不能任意打扮、阐发。史学不是自然科学,因而解释历史时需要考虑历史研究对象的特殊性,历史结论的不确定性与多元性,历史解释方法的局限性与多样性,叙述语言的学术性与生活化,历史概念、理论、规律的适用性等,注意历史教学中历史知识、历史思维、历史表达的三位一体。

历史解释概念中的"追求历史的真实"在中学历史教学中有时会被理解为"复原历史的原貌",而"历史教材"就是"复原"的产物,是"客观的历史"。中学历史教学的任务就是让学生记忆、复述历史教材,学生复述得一字不差,意味着学生掌握的历史是客观、真实的。这种理解没有认识到教材本身是文本,是对历史的一种解读而不是历史本身,绝对客观的历史已经消逝在历史的时空中,中学历史教学对"历史真实"的追求不只是指向过去,还应指向现在和未来。对中学历史教学来说,真正的历史应该是挖掘过去、现在与未来的联系,帮助学生形成历史思维。

历史解释需"以史料为依据",在中学历史教学中有时被理解为对历史教材的"史料再现"甚至考证。一堂历史课被上成大量零碎的史料片段的堆砌与解读课,教学主线模糊,教学主旨难以彰显。这种理解没有认识到每一段文献史料都是在一定语境下生成的,要真正理解一段历史文献的意义需要重构语境,短短的一节课时间难以提供每一段材料的背景知识供学生熟悉语境,学生对材料的理解只能是望文生义,表面上"论从史出",实质上仍是"论从师出"。"以史料为依据"有时被理解为"史实不言自明",以为只需提供史料即可,如放映一段历史事件的视频,学生观看后就能直接获取教师所期望的历史知识。这种理解没有认识到历史理解、历史解释需要主观能动的参与。在学生阅读、观看某段史料后,教师对学生如何理解答案如果有预设或预期,而不是任由学生发散性地、随意地理解,就需要用相应的问题做引导,因为学生头脑中的"前见"对学生理解新的历史材料既可能是桥梁又可能是障碍。

历史解释需"理性分析",在中学历史教学中有时被理解为"单纯地对历史材料的结构、字句进行理性分析",以为只要理解字词的意思就能把握历史事实及其历史意义。这种理解对当今高中历史教学是需要的但又是不充分的,尤其是以这种理解指导学生写历史小论文并不能达到最高层次的评分标准。事实上理性分析要获取的历史意义并不只是历史材料原意的再现、复述,还要求从作者创作的动机或材料诞生的因素、条件等角度进行分析,探究历史的意义。历史解释中的"理性分析"有时被理解为对数据、材料进行分析时需完全排除解释者的情感、偏见,这是历史学"科学化"后的现象,把历史学视为自然科学进行教授。这一方面有利于培养学生求真的精神和逻辑思维,另一方面却忽视了历史学的人文特色,淡化了中学历史教学肩负的培养正确的情感、态度、价值观的目标。事实上对"理性分析"的这种理解也具有理想化色彩,要求学生阅读材料时完全排除情感、偏见是缺乏可操作性的。历史解释中的"理性分析"有时被理解为用"自然科学的方法"进行分析就可以达到历史的真实。这种理解没有意识到自然科学的一些方法(如归纳法)运用于历史解释的现象虽然普遍,但它本身存在难以克服的缺陷。因为史学家不能搜集到所有的材料,一旦出现反例,就需修正历史结论,这意味着历史结论缺乏确定性;同一历史问题不同史学家搜集到的史料不同,其历史结论也会殊异,历史的一维性又使得其结论难以验证;即使搜集到的史料相同,也因视角不同等因素出现历史结论相异、难以判别验证的现象。

"客观评价"在中学历史教学中有时被理解为"对古人的裁决",从古人活动的结果、影响出发,对古人进行简单褒贬。这种根据结果进行评价的方法有一定的客观性、合理性,但当局者迷,事后诸葛亮易当,完全以结果评价或用一套后人解释历史的范式苛责古人,对古人缺乏"同情之理解",并不能真正体现历史思维。合理的做法是既考虑古人活动的结果、影响,又考察古人活动的条件、背景、认知水平、动机,用全面、发展、辩证、客观的眼光综合评价,真正培养学生的历史思维,而非简单的逻辑推理。时代、文化的差异会影响评价的标准和评价的结果。

第二节 历史解释核心素养下的课堂教学实践

一、"历史解释"核心素养教学实践的原则

(一) 实证原则

历史解释要有史料分析作支撑,保证作出的历史解释都要有理有据。历史观点的呈现一定要做到以史引论,史论结合,这里的"论"其本质就是历史解释,通过解释得出对历史事件的认识与评判;而这里的"史",指的就是历史的史实以及用史实来实证,实证的关键在于"真实"二字,所以"历史解释"要有理有据,对于一个历史史实的解释,必须秉承实证的原则,不能凭空捏造。

克服主观臆断。教师课堂教学的过程就是对已经发生的历史史实进行历史解释的过程,这个过程不能缺少史料。在课堂中教师所呈现的史料要克服主观臆断,坚持实证的原则。

切忌断章取义。历史发展的过程不是独立的时间段落,一定有其前因后果,断章取义地选取其中任何一则史料,都不能准确全面地反映历史事件的全貌,也不能客观、全面地对历史事件作出科学的、精确的历史解释。

(二) 思辨原则

"历史解释"秉承思辨原则。历史解释的主体是人,其主观性与多样性的特征是不可避免的,因此就要用思辨的思维去分析史料,运用

思辨的逻辑进行求证,尽可能全方位地还原历史事件。

例如曹操是中国历史上争议比较大的人物,不论是史学界还是民间,对其都是褒贬不一,或扬其功劳,或痛斥恶行。在京剧《唱脸谱》中,曹操以白脸出现,象征奸诈的小人。在对这样的历史人物进行评判时,就要秉承思辨的原则思考问题。曹操的功与过,是已经发生的,过去的历史不可改变,但是作为高中生来说,不能只看功绩或者只看过错,以偏概全是历史学的大忌。更不能被不正确的历史评价所误导,固化自己的历史思维。要以思辨原则为指导,既看功勋也看过错,辩证地去评价史实,得出合理的"历史解释"。

思辨原则的两个前提:①避免片面的观点。略知一二的想法是违背思辨原则的。在对历史史实进行解释的时候,要坚持思辨的原则,避免出现对历史史实的片面解释。②要理性,拒偏激。要做到客观而全面地解释历史史实就必须运用思辨的思维,对历史史实进行全方位的认识与思考而不是片面地看待历史事件或者历史人物,因为一旦片面地看待历史,就容易走进极端的误区不利于"历史解释"核心素养的培养。

思辨原则的具体表现:①讲思辨要强调严谨的逻辑推理。历史事件都是过眼云烟,想要切实地抓住、仔细地观察是不可能的。但是历史史料却是前人留给后人看得见,摸得着的历史。所以想要对历史史实进行精确的解释,就要搜寻大量的历史史料,然后运用思辨思维进行严谨的逻辑推理,进而得出客观精确的历史解释。②讲思辨要重视条理化的表达叙述。历史现象纷繁复杂,厘清历史脉络,也是历史解释必备的要素。

宋元时期是我国历史发展的关键时期,它在历史长河中起到承上启下的作用。这一时期契丹族、党项族、女真族纷纷建立了政权,所以宋元两朝前后四百多年的悠悠岁月中,是中国古代民族大融合、文化大交融的时期。这一时期不仅是少数民族特有的文化传入中原,少数民族对汉族文化的学习与传承也是十分重视。少数民族不论是在日常生活还是官制方面都效仿汉制。

上述案例告诉我们,为什么说宋元时期是中国古代多元文化的碰撞交融与文明的高度发展时期。从政治层面来说,这一时期建立了许多少数民族政权;从经济层面来说,少数民族政权的建立,促进了各民族的经济往来,宋代经济迅速发展,农业、手工业不断革新,商品贸易繁荣,海外贸易更是超过前代;从文化层面来说,这一时期的南北各民族文化交流甚是密切,尤其是北方各少数民族对汉族较为先进文化的学习,促进了文化繁荣的局面。在了解了基本史实的基础上,通过这种条理清晰、逻辑严密的思辨思维,解释了宋元时期的时代特征。

(三) 感悟原则

感悟是一种深层次的感知,感知指的仅仅是对事物的认知与认识,而感悟则是达到了情感升华的阶段,它不仅仅停留在对事物的认知阶段,而是对这一具体的事物产生了情感上的共鸣。高中阶段的历史学习最忌讳的就是死记硬背,缺乏与历史事件的理性交流与感性的对话,对"历史解释"核心素养在历史课堂的教育实践是不利的。

1.感悟的基础是感受历史的温度

历史不是冷冰冰的史实,任何一段历史,都是带有温度的、真实发生过的事件,想要感受历史的温度就要走进历史的深处,穿越时空体会历史的真情实感。比如历史人物的性格与特征具有复杂性,不是简单的好坏就能区分的。要想全面了解历史人物的生平经历,触及历史人物的温度,必须走进历史人物的历史时空,了解历史人物的人生经历、生活时代以及思想主张的产生过程,才能对其加以客观的评判。

2.感悟的关键是自己的观点

"历史解释"不能固化思想,千篇一律。如何进行正确的历史解释,除了课堂引导和学生的自身学习能力、感悟能力也是息息相关的。同时,教师也应该有全新的认识与思考。在面对有争议的历史问题时,教师要教授学生学会去感悟历史,形成自己的历史观点,并告知学生很多问题会随着研究的进一步深入,得出各种不同结论也是有可能的,最重要的是形成自己的思考与感悟,对历史史实作出客观的、更为精确的解释。[①]

二、"历史解释"核心素养教学实践的方法

(一) 问题引导法

柯林伍德认为问题是历史研究的主导因素,对历史事件或者历史人物论证中的每一步都有赖于问题的提出,而这些问题都是要有助于把握历史事件或者历史人物的问题。

在高中历史课堂上,教师可以选择用问题引导法,去培养学生的"历史解释"核心素养能力。问题的设置激发了学生学习积极性,使学生真正主动地参与教学,而不是被动地获得知识,问题的提出体现了新课改中学生成为课堂主人的要求。在问题的引导下,进行合理的判断、质疑并寻找证据,使学生能够对各种历史解释加以辨析和判断,使"历史解释"核心素养真正地落地。例如,学习明朝时期政治制度的三大变化,教师在课堂导入提问时,学生能够给予一定的反馈就说明高中生的历史基础知识在初中掌握得已经足够扎实了。

(二) 史料分析法

史料是历史学的基础。在历史学的范围内,必须重视史料。史料是研究历史的基石,历史解释应建立在经过辨析和实证后所呈现的真实史料的基础上。历史课堂上出现的所有史料教师都应该确保其真实性,在真实性基础上使得历史事件或者历史人物更加丰满,通过研究与讨论得出趋于客观准确的历史解释。

教师在课堂上展示史料的时候,切记不要把名家大师的言论标榜出来,因为会让学生产生先入为主的固化思想,不利于思辨思维的形成,更不利于"历史解释"核心素养能力的养成。

地方史也是重要的课程资源,把地方史带入课堂的教育实践,有利于拉近学生和历史的距离,让厚重沉淀的历史增添了几分温情与温度,增强学生学习、认知历史的兴趣,增强学生对于历史的共情能力,从不同的视角和层面认知和解释历史,感受丰富的历史史实和地域

①宋丽莹.核心素养下高中历史课堂导入研究[D].河北师范大学,2019.

特色。

史料分析法作为培养"历史解释"核心素养能力的重要方式,在历史课堂中的教育实践越来越广泛。在史料分析方法中,教师通过选取史料的引导与分析,促进学生对历史史实的理解,在深化理解的基础上解释历史事件,达到培养学生"历史解释"核心素养的教学目标。

(三) 角度分析法

历史事件或历史人物,作为曾经的客观存在,是不可逆的,但后人对它们的历史解释和评价,通常是因人而异,因时而异,而这也正是历史研究和学习的魅力所在。站在不同的历史角度,以不同的历史身份,对同一历史事件就会有不同的历史解释。想要做出精确、客观的历史解释,就要尽可能多地去换位思考,站在不同的历史发展维度上,以不同的历史身份,感知不同的历史情感,触及不同的历史温度,做出精确、客观的历史解释。

教师应引领学生理解历史变化与延续、统一与多样、局部与整体,使得学生更宏观、全面地认识历史发展的脉络和规律。就"变化与延续"而言,如专制主义中央集权制度是古代中国自秦朝以来延续两千多年的政治制度,自秦朝确立开始,中国古代的专制主义中央集权制度在历朝历代都经历着变革与发展,但是始终不变的是中央权力的不断集中以及皇权的不断加强。就"统一与多样"而言,如近几百年来世界上大国的崛起,从16世纪新航路开辟开始,葡萄牙与西班牙先后发展起来;荷兰在17世纪上半叶成为海上马车夫;1688年英国通过光荣革命确立了君主立宪制国家,率先完成工业革命;法国,德国,日本,俄国,美国也逐渐崛起。虽然各个大国之间的崛起经过是多样的,但是他们都有统一的前提,就是政治稳定,经济繁荣。就"局部与整体"而言,"辛亥革命"如果因为袁世凯最终篡夺革命的果实就否定它的成果,显然是不合理的,还应该看到辛亥革命给近代中国带来的巨大变化。

历史史实的多样性与复杂性,就要求教师在教授学生历史知识的同时必须用多元化的视角,从多个角度,全面地还原历史并且保证历史的真实性。

第三节 历史解释核心素养下的教学案例分析

本节将案例分析与课后访谈(访谈对象为学生以及听课教师)相结合,通过访谈法查缺补漏,及时完善整个教学过程与教学环节,总结实践方法所存在的问题并提出策略解决问题,可以更好地培养学生"历史解释"核心素养。

一、问题引导法——以辛亥革命为例

辛亥革命结束了封建帝制,传播了民主共和理念。但是史学界对辛亥革命的争论却一直不断,主要围绕在两个方面:一是辛亥革命爆发的必然性与偶然性;二是辛亥革命的成败论。为了解决这两个疑惑让高中生对辛亥革命有更加全面客观地认识与掌握,并且能够做出精确的历史解释。

(一) 学情分析

学生通过初中阶段历史课程的学习已经搭建起了系统的史实框架,对中国近代史的走势已建立了初步的认识,但是高中新增的内容,学生比较陌生,在教学中应该创设问题情境,将辛亥革命置于丰富的历史情境之中,鼓励学生在课堂上全情参与,积极投入讨论与探究中,通过收集资料和整理史料得出结论,老师进一步引导学生形成正确的历史观,做出正确的历史解释。

(二) 课堂实践

根据课标要求的内容,设置相关的问题,让问题贯穿整节课堂,使得学生积极参与讨论,深化认识,得出辛亥革命的历史解释:①辛亥革命究竟是必然的还是偶然的? ②辛亥革命废除帝制的表现是什么? ③辛亥革命到底是成功的还是失败的? 三个问题的设置都有其各自的道理,第一个问题讨论辛亥革命爆发的必然性与偶然性,其实也是在讨论辛亥革命爆发的背景。第二个问题实际上是在讨论辛亥革命的具体作用。第三个问题辛亥革命的成败论,实际上是在讨论辛亥革命的历史意义与局限性。三个问题的设计紧扣课标要求,通过问题引导法上课,会比平时教师直抒胸臆式的课堂有趣得多,大大激发了学生的学习兴趣,积极参与课堂讨论。

1.问题探究一:辛亥革命是必然的还是偶然的

课堂伊始,向学生抛出第一个问题,让学生结合教科书与这里提供的史料来进行探究与讨论。

教师:根据教学材料和教科书内容,给学生五分钟时间小组讨论辛亥革命的偶然性与必然性分别指的是什么。在你看来辛亥革命到底是偶然的还是必然的?

通过课堂反馈大多数学生都知道偶然指的是武昌起义爆发的偶然,必然指的是清朝的落没必然导致辛亥革命的最终爆发,只是时间上的差异而已。所以辛亥革命的爆发从根源上来说是必然的,而所谓的偶然性只不过是爆发的契机而已,武昌起义就是那个恰当的契机。

此问题起到"引玉之砖"的作用。关于辛亥革命的背景,在初中已经学习且掌握了,高中课堂应该致力于让学生对辛亥革命背景的认识提升一个层次,这就需要用问题与史料相结合,用史学界有争议的偶然性与必然性开启课堂,不仅能够吸引学生的兴趣,提高课堂的效率,还能够让他们加深对辛亥革命背景的理解,为对辛亥革命进行历史解释打下坚实的基础。

2.问题探究二:辛亥革命废除帝制的表现

教师:给大家五分钟时间,组内讨论辛亥革命究竟"革"了什么。有哪些积极的作用。

经过五分钟的讨论,学生依据初中所学的知识,总结出了辛亥革命的积极作用。辛亥革命推翻中国封建帝制;传播了民主共和理念;革除了一些社会陋习,促进了社会生活的近代化。

3.问题探究三:辛亥革命到底是成功的还是失败的?

教师:大家谈论一下辛亥革命究竟是成功的还是失败的。

最后一个问题争议最大,经过激烈的讨论,基本分为三个观点:成功的、失败的、不以成败论英雄的。成功论的观点是:在第二个问题探究里已经分析过了,辛亥革命不仅推翻了清朝的帝制统治,推动了民族资本主义经济的发展,还使得民主共和观念深入人心,推动了社会习俗的变革。失败论的观点是:辛亥革命虽有积极的作用,但是最终革命的果实没有保住;而且它的影响范围仅仅在大城市而已,并未深入农村等落后地区。中立论的观点是:应该辩证地看待,不能以偏概全,辛亥革命既有成功之处也有失败之点,不要计较得失,学会辩证地看待即可。

其实不论持有哪一观点,问题的设置就是想让学生一改以往在课堂上呆坐、只用耳朵学习的状态,通过问题引起学生的思考与讨论,学会用大脑思考,用心学习,在深刻认识历史事件的基础上做出精确的历史解释。

辛亥革命在中国近代史上是一件开天辟地的大事件,其重要性不言而喻,在初中历史课堂上学生已经掌握了有关辛亥革命的基本史实,所以高中课堂上辛亥革命的教学就要采取新的教学方式。问题引导方法,不仅能让学生深刻地理解辛亥革命,学会辩证地看待历史事件,还能够吸引学生的兴趣,保证他们的注意力集中,在问题中读史料、在问题中找答案、在问题中做历史解释。

(三)课后访谈

1.课后访谈的实施

访谈对象:本次访谈对象有两名学生以及听课教师。学生A学习成绩中等偏上,各科成绩都比较均衡。学生B,学习成绩靠后,上课注意力不够集中。

学生访谈问题:你觉得课堂上的三个问题难吗?材料分析觉得困难吗?课堂讨论的时间够用吗?

访谈实施:学生A的回答分别是:"我觉得问题不难,其实这三个问题就是在问辛亥革命的背景、积极作用以及影响,课前看看书就能找到。""材料还行,幸好没有文言文,要是有文言文的话我觉得就难了。""我觉得讨论时间不太够用,5分钟,一个小组四个人,一人讲一会儿就没了。"学生B的回答分别是："这三个问题看着挺难的,其实还行。""我觉得材料有点多,有的材料还比较长,长的材料我就不想看了。""时间不太够用,我们在分析长的材料上浪费了挺多时间的,长材料看着费劲还不知道从哪着手分析。"

听课教师访谈问题："老师,您觉得我这节课有什么问题?"

笔者得到的回答是："你这节课设计得挺好的,比较新颖,上课前就提出三个问题引起了学生的兴趣,其实辛亥革命这节课初中也很重视,初中老师讲得都比较透彻了,所以高中课堂很难再有突破,你这三个问题其实就是把辛亥革命串了起来,但是引起了学生的兴趣,这点挺好的。作用肯定是有,但你看得都是课堂的反应,课堂反响确实不错,课后呢?你要是真的想锻炼他们的历史解释能力,课后的作业就不能局限在咱们的练习册上,咱们的练习册过于简单,你可以自己找些比较难的题,可以体现'历史解释'核心素养的题,让他们做,然后你再利用下午辅导的时间给他们讲题,通过这种课上学习,课后作业加辅导的形式,'历史解释'核心素养的能力才能逐渐建立起来。你想只靠讲课来培养是不太可能的。"

2.访谈结果分析

学生访谈结果的分析。问了两位学生同样的问题,但是得到的答案却是不一样的,这就说明了每个学生的学习接受能力不同。通过对第一个问题的回答可以分析出,三个问题的设置过于简单,甚至通过课前的看书就可以找到。通过第二个问题的回答可以分析出,白话文的史料分析起来比较容易,但是篇幅过长的话会导致学生的注意力下降。通过对第三个问题的回答可以分析出,虽然单独看问题不难,但是带着问题分析史料对于学生来说还比较困难,所以在进行小组讨论问题的时候,教师要下场走动,发现有分析问题、分析史料困难的小组,及时地给予指导,让他们保持对问题探讨与史料分析的兴趣。

教师访谈结果的分析。指导老师觉得问题引导法可以重建学生对课堂的兴趣,是值得肯定的,但是一定要有相应难度的课后作业配合教学,才能达到锻炼学生"历史解释"能力的效果。而且要有学生是课堂主体的意识,不要为了节约时间而代替学生回答问题,这样不利于培养学生独立思考问题的能力,可以对回答不上来的学生进行适当的引导来帮助他们完成问题的回答。

3.访谈反思

通过访谈结果的反馈,用问题引导法来培养学生的"历史解释"核心素养能力发现如下问题:①提问问题的设置。问题引导法案例的问题过于简单,失去利用问题引起学生思考的意义。②史料的选择。问题引导法案例的史料选择篇幅过长,导致学生注意力下降,失去分析史料的兴趣。③时间安排。没有充分给予学生汇报讨论结果的时间。

(四) 教学实践的策略

第一,问题的设计要有层次感。由易向难,让学生有难以缓冲的时间;要能够引起学生的兴趣,兴趣是学生探究讨论问题的动力,在兴趣推动下学生会想要去了解历史史实,理解并得出历史解释。

第二,史料的选择要恰当。初期选择的史料篇幅不要过长,文言文不要太多。可以增加学生史料分析的成就感,降低对于史料分析的抵触情绪,有利于培养学生的"历史解释"核心素养。

第三,时间的安排要合理。选择问题引导法培养学生"历史解释"核心素养要充分保证学生的课堂时间,主要分为三大部分:阅读理解问题的时间、小组讨论的时间和汇报探讨结果的时间,这三部分的时间合起来,这段时间是锻炼学生历史思维能力与历史表达能力最佳的途径。[①]

二、史料分析法——以甲午战争为例

甲午战争是中国近代史中一次具有转折性意义的战争。基本的史实学生在初中已经掌握,在高中的课堂上可以通过史料分析的方法,带领学生认识甲午战争的其他背景和影响,更好地做出历史解释。

(一) 学情分析

学生在初中阶段已初步掌握本课的大部分史事,有一定的知识基

---

①吕淑珊.历史核心素养下的"史料实证"与教学运用研究[D].闽南师范大学,2018.

础,但尚未形成联系的、整体的历史思维方式,很难全面认识甲午战争。教师在教学中可呈现一些观点相冲突的材料培养学生的历史思辨能力。

(二)课堂实践

1.甲午风云前的世界

教师:通过史料,分析甲午战争爆发的原因,大多数学生只知道是因为清朝的腐朽末落以及日本为了发展资本主义的需要,这似乎成为一种模板式的答案。但是在甲午战争前,日本突然要大力发展资本主义,学生却不知起因。在课堂上选择材料让学生进行分析,学生分析出原因,即日本完成明治维新之后为了大力发展资本主义的需要。通过材料分析,学生了解了甲午战争前日本的经历,对甲午战争爆发的背景也有了更加深刻的理解。

2.甲午风云后的世界

教师:通过材料分析,清政府被打败后,有什么样的影响呢?

提问学生甲午战争的影响,学生回答的几乎都是《马关条约》的影响,但是《马关条约》的影响并不等同于甲午战争的影响,它的影响仅是甲午战争失败影响的一部分,但是分析不出来甲午战后,当时中国人民的民族意识觉醒,才有了后来的戊戌变法,辛亥革命等内容。如果不在课堂中通过史料来分析学生就不了解甲午战后的世界,不会知道民族意识是如何觉醒的,更不会理解后来的戊戌变法与辛亥革命,没有形成整体的历史思维方式,不利于"历史解释"核心素养的培养。

课后作业:谈一谈你对19世纪60年代中日两国的认识(不限字数)。

(三)课后访谈

1.课后访谈的实施

访谈对象:本次访谈对象有两名学生以及听课教师。学生C学习成绩靠前,但历史是薄弱科目。学生D,学习成绩中间水平,但历史成绩较好。

学生访谈问题:你觉得今天的史料难分析吗？你今天对甲午战争有什么新的认识？你觉得今天的课后作业难吗？

学生C的回答分别是,"这节课的史料还行,不难分析,而且我看我们小组对史料分析还挺感兴趣的。""我们初中讲甲午战争时好像没讲日本的明治维新,所以这节课让我认识到了日本到底为何会想要发动甲午战争。""课后作业倒是不难,只是初中没有做过这种形式的作业,不知道如何下笔。"学生D的回答分别是,"今天的史料虽然有一点点的文言文,但是我觉得我还能接受,不难分析。""新的认识,就是对于甲午战争前中日两国的状态有了新的认识,其实洋务运动和明治维新我们初中都学过,只是没有把它俩结合在一起过,更别说把它俩看成甲午战争的背景了。""作业不难,每天的历史作业就12道选择题,这课后作业也不算多。"

听课教师指出笔者在讲甲午战争经过的时候没有任何的史料,就讲了几次战争然后一带而过,这样就给了学生一种落差感,学生可能潜意识里就会觉得甲午战争经过不重要,因为在讲背景的时候有大量的史料支撑,讲影响的时候也有大量史料的支持,唯独讲经过的时候没有,学生就会觉得经过可能不重要。因此,既然想要培养学生的历史解释能力,想让他们自己以后能对一个历史事件有一个完整的、客观的、准确的解释,那么在教学过程中,就不能落下任何一个历史时段。

2.访谈结果分析

学生访谈结果分析。通过两名学生对第一个问题的回答可以分析出,对于他们来说适当的文言文史料是可以分析理解的,所以教师在平时授课过程中要注意文言文史料的选择与运用;通过对第二个问题的回答可以分析出来,同学C仅仅是认识到日本发动甲午战争的原因,而同学D就能全面地看待历史背景,将中、日两国当时的国内情况结合起来分析甲午战争爆发的大背景。所以对于学习历史兴趣不浓厚的学生,教师需要更加用心的引导,让学生逐步养成全面看待历史问题的思维习惯,进而培养学生的"历史解释"核心素养;通过问题三的回答可以分析出来,增加历史课后作业的难度,学生没有太大的抵触情绪,但是要注意控制作业的难度与数量,否则会达到过犹不及的效果。

教师访谈结果分析。指导教师分析出此次课堂实践中选择史料形式的缺陷。课堂上所能呈现的历史史料形式是多种多样的,不要仅仅局限于文字史料的形式,否则造成的结果就如指导教师所说,会让学生产生知识重点的落差感。所以为了避免出现此类状况,教师在选择史料的时候要多阅读、多查找,不要仅仅局限于文字史料的框架之下。

3.访谈反思

史料分析法存在的问题:①史料的形式。史料分析法案例的史料选择上过于单一,会导致学生出现难以区分重点知识的问题。②史料的难度。史料分析法案例的史料难度较低,如果长此以往就会出现学生对史料分析兴趣下降的问题。

(四)教学实践的策略

史料选择的形式要多样化。历史史料的种类繁多,所以教师在选择史料的时候要拓宽视野,除文字史料外还有图片史料、视频史料、地方史料等,多种形式史料的结合运用,不仅能完善课程的完整度,丰富课堂内容,更能让学生了解到除文字史料之外其他形式的史料。可适当增加史料的难度。史料难度的选择可以采用循序渐进的方法。逐步增加史料的难度,培养学生阅读史料的习惯,让学生掌握史料分析的能力,进而培养学生"历史解释"核心素养的能力。

"历史解释"核心素养的实践方法可能还有许多不足之处,在实际的课堂教学中也可能会产生某些问题。通过课后访谈的反思与总结,提出解决问题的策略。希望在策略的辅助下,"历史解释"核心素养在高中历史课堂的实践方法可以逐步改进,并能为"历史解释"核心素养在高中历史课堂的实践中提供一些启示。

第五章 基于时空观念核心素养的历史课堂构建

第一节 时空观念核心素养概述

一、走出时空观念认识的误区

"时空观念"是历史发展、史学研究、历史学习中重要的论题，是最具有历史学科本质特征的能力和观念。时空观念作为思维方式和思维能力，是历史学科五大核心素养之一。但由于对时空观念历史学内涵认识模糊，对时空观念教学目标把握不一，因此在教学实践中不同程度地存在着"泛化"和"窄化"现象。

"泛化"主要表现在将"历史时空"概念复杂化、烦琐化，从而使其脱离了课堂教学与历史学科本质。其主要表现形式为将一个历史事件具体的特定的历史时空扩大为普遍性的一般性的历史时空，脱离历史发展本身的内部逻辑关系，从而将历史理解、情感体验建立在非逻辑结构的基础上，产生如同"蝴蝶效应"（拓扑学连锁反应）的历史理解。固然一个细小的事件或机制中的一些瑕疵会引发一些历史现象，但如果忽略具体过程，无视量变的积累而直接进行时空对接，就会形成"泛化"。例如开辟新航路的历史背景中，哪些是非具体的历史时空？我们在历史学科教学中是否存在此类对时空的泛化？历史中的"偶然"是否需要穷尽其中的"必然"，并将"偶然"解释为历史必然？

"窄化"主要表现为将"历史时空"理解为"简单的线性序列"，仅将历史中的时间和空间理解为物理上的时空，罗列历史事件发生的时间或时序,而不去关注历史内部逻辑。将历史时间作为唯一的教学目标,将时序作为教学的绝对目标,较少指导学生在不同的时空框架下合理解释历史的延续与变迁,从而忽视了历史学科的内涵与本质。将历史空间简单理解为地理环境,或将空间理解为某个地区、地名的历史沿革及简单的地理空间,过分强调生态空间,忽视历史时空其他要素如人文、社会、制度、民族、思想等空间对人类历史进程的影响。

因此,对时空观念内涵发展的梳理,有助于我们理解时空观念内涵,特别是具体的历史时空内涵;有助于我们在教学中正确把握时空的具体要素对历史事件、人物、进程的有效影响,把握正确的"度",在教学实践中寻找到落实科学的时空观念的途径和方法。

二、了解时空观念的历史哲学研究

对时间与空间的研究,古代东西方学者从自然科学、哲学的角度均有研究论述,在此不赘述。笔者将主要对19世纪和20世纪"时空观"的历史哲学研究进行阐述。

(一) 19世纪"时空观"的历史哲学研究

所谓时空观,是指关于时间和空间的根本观点,是哲学世界观的重要内容和有机组成部分,是人类在长期生产活动和生活历史实践过程中形成的,成为历史哲学研究的范畴。

17~18世纪,牛顿的机械唯物主义时空观强调时间和空间的绝对性。贝克莱主观唯心主义时空观认为,时间和空间是人的感觉的产物。此时的时空观研究还没有摆脱哲学研究领域,或者说还没有完全从历史学或历史哲学的范畴去研究。19世纪,以兰克、黑格尔、马克思等学者为代表的"历史哲学"探讨了"自然时空"和"社会历史时空"。马克思对传统时空观进行了实践论改造,指出从前的一切唯物主义的主要缺点是:对对象、现实、感性(含时间、空间)只是从客体或直观的形式去理解,而不是把它们当作感性的人的活动,当作实践去理解,不是从主体方面去理解。从这里可以看出,马克思意识到传统的时空观存在的缺点,指出时空是人类历史创造活动的背景,是以人的活动为前提的。

唯物史观的时空范畴立足于人类历史活动,其主要特征是时空以人的活动形式存在,并非是独立于人的活动之外的抽象存在;时空是一个社会演化的内部参量,它是深入社会运动内部不同层次之间、由人的实践活动耦合到社会运动过程的内部参量;时空具有社会历史性,每一代人的社会需要、方式、目的不同,时空也具有不同的内容;时空之间可以互相转换,通过人类的社会实践活动,可以由时间转化为空间的存在。[①]

马克思的这种"社会历史时空观"对我们提高对历史的认识有以下几个好处:一是只要我们承认历史时空的实践创造性,就必须承认历史时间中的过去、现在、未来三个维度之间的相互决定关系;二是社会历史运动是社会历史时间的空间化和社会历史空间的时代化的统一;三是历史时空观的辩证法是历史研究的现实基础,现在是过去和未来的交汇点,未来是现在展开的方向。人类社会历史时间结构中,空间是相对保守的,时间则始终是革命的、能动的。不变的历史空间结构,只能通过社会历史时间来改变。

马克思的时空观有助于我们理解时间、空间要素在人类历史活动中的作用;有助于我们理解人类历史活动中时空因素的特征,并据此认识和理解人类的历史进程。

(二)20世纪布罗代尔对"时空观"的阐述

布罗代尔"历史时间"范畴的提出,是20世纪西方学术界历史研究理论的新路标和里程碑,使"时空观"从历史哲学研究走向历史学研究。

1."历史时间"与"哲学时间"

布罗代尔在《长时段:历史和社会科学》一文中指出,历史时间是具体的、普遍存在的时间。"历史时间"是普遍的、具体的,"历史时间"为一切人类个体所共同的架构形式,因此是外在于任何个人的主观感

---

①黄牧航主编.历史教育"新师范"建设丛书时空观念的教学设计与学业评价[M].广州:广东高等教育出版社,2019.

受和存在境遇的客观时间。布罗代尔将"历史时间"与"哲学时间"区别开来。他不认同"哲学时间",认为它不适合研究历史,历史强调的是不以任何个人的主观性为依据的客观内容,因而提出"历史时间"范畴,与"哲学时间"加以区分。

2."历史时间"与"社会时间"

在一般意义上,"历史时间"与"社会时间"之间具有相似性,它们在面对具体个人时,都承认时间具有不依赖于任何个人的外在客观性。"社会时间"破坏了"历史时间"将人类社会行为理解为总体系统的努力,由此也破坏了人类历史的总体性。

布罗代尔在自己的研究中深入细化了"历史时间"与"社会时间"的区别。他在《菲利普二世时代的地中海和地中海世界》中将"时间"划分为三个层次。从地理环境与人的互动关系入手,讨论的是"超长时段的历史具体";从经济运行模式、社会统治模式等数百年中维持基本稳定的社会事实出发,讨论"长时段的历史具体";通过具体个人的历史抉择、事件经过来描述历史,讨论"短时段的历史具体"。

历史可区分为短时段、中时段和长时段。短时段是在短促的时间中发生的历史偶然事件,具有"欺骗性"的特点,处于历史的表层;中时段是一种社会时间,具有局势性的特点,如人口增长、利率波动等;长时段一般是以百年为段的地质学时间,在相当时间内起作用,如地理格局、气候变迁、社会组织等。布罗代尔强调研究历史必须注意"历史时间"适用的有效时段。

3."历史时间"与"历史空间"

布罗代尔立足于总体性的"历史时间"范畴,建构了与之相配称的总体性的"历史空间"理论。从某种角度出发,"历史空间"是历史总体性实在之研究模式的一种"言说方式"。它将"空间"看作是与"时间"不可分割的研究领域,进而将之作为一种有助于解读历史总体性的言说模式,使之成为总体性历史研究的合理组成部分。在这个意义上,"历史空间"与"历史时间"范畴共同构成了历史总体性的解释模式。

"社会空间"理论蕴含"生态学"内涵,从相对固化的自然环境这种空间因素出发解释社会现象,形成了纯主观机械论的"地理决定论"。事实上"空间"现象不仅蕴含自然环境对社会的影响,也包括人类行为的空间模式,即人类活动在空间中的交互模式对社会的影响。在此意义上,"空间"就成为一个超越"生态学"并且随历史演变而变化的"外在客观空间",即"历史空间"。

布罗代尔"历史空间"理论的经典表述在其专著《菲利普二世时代的地中海和地中海世界》第一章中,通过描述地中海世界山脉、平原的地理结构,说明了地中海世界人类交往的基本空间模式,即山区与平原的区别造成了两种环境下不同的人类生活形式,而山区居民与平原居民又都依循各自的周期相互交往,从而构成了一个总体的空间系统。这种"空间"范畴属于"长时段的历史研究"领域,因此它既与同时代的"历史时间"相适应,又构成总体性历史的有机组成部分。

4."历史时间"与"地理空间"

所谓"空间",从人类社会学角度看也就是指特定的地理环境。它是历史事件发生、发展的依存基础。每一个不同的时代,都各有其不同的地理环境,因为时间与空间处于不断的发展与变化之中,离开了那个时代的地理环境,就不可能真正了解那个时代的历史。"地理决定论"认为从现代智人诞生到食物生产,再到文字的发明和城邦社会的出现,在这个巨大的时间尺度下,地理因素发挥着关键性的作用。具体地理条件,在人类社会发展的不同阶段,对人类生产力发展水平也有着重要的影响。重大历史事件所处地理场所赋予历史过程以具体的空间位置,以明确这些历史事件的某些地理特征。只有从历史发展过程的地域特性出发,才能达到对历史多方面观念的具体而深刻的理解。

虽然布罗代尔强调他的历史时空观与马克思的历史时空观有一致性和传承性,但我们可以看到二者之间的差异还是很明显的。马克思的历史时空观以人的活动为前提,将时空定位为人类活动的背景,是独立于人类抽象之外的客观存在。布罗代尔则是从具体的视角去探讨历史时空及其与人类社会发展的关系。

三、理解学科课程中的时空观念

(一) 美国历史课程中的"时空观念"

在美国历史课程标准中,"时序思维能力"作为历史思维能力五条中的第一条,居于首要位置。时序思维能力是历史推理的核心。没有强烈的年代学意识(指事件发生的时间、何种时间顺序),学生就不可能考察它们之间的相互关系或解释历史因果联系。年代学是组织历史思维的智力前提。在培养学生的时序思维能力时,教学中应该使用优秀的历史陈述以及写作精良的叙事历史文学陈述,它们包括传记和历史类文学作品,以及具有"讲故事"特征的历史文学。这类优秀作品能够吸引学生的注意力。这样,学生在学习中就能够关注叙述者想表达的内容,随时间展开事件进程,当时人们的行为和意图,事情的前因后果以及其时间联系。在中等学校和高等学校,学生应该能够运用他们的数学技能,用年、年代、世纪来测量时间;能够从日历系统(公元前或公元)固定参照点计算时间;能够解释时间表中的资料。学生应该能够分析历史持续的各种模式,学生也应该能够分析用插图展示的历史继承性的各种模式。

(二) 我国高中历史课程中的"时空观念"

1.学科核心素养——时空观念

时空观念是在特定的时间联系和空间联系中对事物进行观察、分析的意识和思维方式。任何历史事物都是在特定的、具体的时间和空间条件下发生的,只有在特定的时空框架当中,才可能对史实有准确的理解。

2.课程目标

知道特定的史实是与特定的时间和空间相联系的;知道划分历史时间与空间的多种方式,并能够运用这些方式叙述过去;能够按照时间顺序和空间要素,建构历史事件、历史人物、历史现象之间的相互关联;能够在不同的时空框架下对史事作出合理解释;在认识现实社会时,能够将认识的对象置于具体的时空条件下进行考察。

3.学业质量标准(水平及质量描述)

能够了解所学内容的历史分期方式,理解历史时期是按时序划分的;能够知道认识史事要考虑到历史地理的状况;能够识别历史地图中的相关信息,知道古今地名的区别。能够将某一史事定位在特定的时间和空间框架下;能够运用各种时间术语描述过去;能够利用历史年表、历史地图等方式对相关史实加以描述;能够认识事物发生的来龙去脉,理解空间和环境因素对认识历史与现实的重要性。能够把握相关史事的时间、空间联系,运用特定的时间和空间术语对较长时段(如古代、近现代)、较大范围(如跨国家、跨地区)的史事加以概括和说明。在对历史和现实问题进行独立探究的过程中,能够将其置于具体的时空框架下;能够选择恰当的时空尺度对其进行分析、综合、比较,在此基础上做出合理的论述;能够根据需要并运用相关材料和正确方法,独立绘制相关图表,并加以说明。

四、理清时空观念与其他核心素养的关系

时空观念是最具历史学科特征的必备品格和关键能力。它也是学生发展核心素养"文化基础"中"理性思维"在历史学科中的具体体现。时空观念是了解和理解历史的基础,是学生认识历史必须具备的重要观念,是历史学科有别于其他学科的重要特征,也是历史学科核心素养中的核心思维能力之一。

(一) 唯物史观与时空观念

培养学生时空观念,首先要在唯物史观的指导下进行。从时空观念角度去认识历史,本身就蕴含着唯物史观,体现了物质与意识,社会存在与社会意识等的辩证关系,体现了由表及里,透过历史表象认识历史本质的科学历史观和方法论。时序性和系统性是历史学科的基本特征。唯物史观基本理论中,人类社会形态从低级向高级发展,生产力、生产关系的不同历史阶段,世界从分散到整体等,在历史时序性和系统性的学科特征中均起到了引领作用。马克思主义认为人类历

史发展是有规律的,这种规律有人类社会形态从低级到高级的时序更替,也有特定时空条件下的并存与相互影响。

阶级分析中各阶级的社会属性及其生活与思想文化可以作为阶级行为的特定时空条件或背景,理解阶级地位、差异及其活动对历史进程的影响。社会存在与社会意识关系是唯物史观的重要理论之一,而一定的社会存在与社会意识,同时也构成了人类个体或群体进行历史活动的空间,社会意识与社会存在之间在时间上的共生性、依存性及其革命性又体现出一定的时空关系。在教学中只有运用唯物史观的立场、观点和方法,帮助学生在特定的时空框架中去合理建构对历史事物的认知、理解和解释,才能让学生对历史有全面、客观的认识。

(二) 史料实证与时空观念

人们认识历史的途径,主要是通过阅读史家的著述或对历代遗留下来的各种史料间接地去理解分析和解释。柯林武德曾指出,文献是此时此地存在的东西,它是那样一种东西,历史学家加以思维就能够得到对他有关过去事件所询问的问题的答案。不管是著述还是遗留的文物,文献是"此时此地存在",历史学家也生活在"此时此地"。文献的时空属性,即历史著述者或学习者选用何种史料、通过什么技术手段分析史料、从何种视角解释史料。客观的历史与主观的历史之间,需要我们从特定的时空去看待史料及实证的技术、方法与视角。

因此,时空观念是学生养成史料实证、历史解释等素养的必要前提。在对历史的认识中,如果没有历史地看待时间和空间的明确意识,学生就会把历史进程中的诸多事件看作一大堆杂乱无章的东西,不可能从中择取到能用于证明历史的历史资料,史料实证素养也就无从谈起;如果没有掌握确切时间和空间要素的强烈意识,也就不可能考察、分析和理解诸多事件之间的相互关联,更不可能去解释它们之间的历史因果联系,历史解释就会言而无序,其素养的培养也就无法进行。如果没有时空意识,更无法对史料本身的真实性、权威性进行合理的分析,也就更谈不上史料实证了。

(三) 历史解释与时空观念

历史解释以时空观念、史料实证和历史理解为基础。学生理解历史,采用史料实证的方法,形成解释历史的观点、说法,都得首先建立时空架构,需要基于时空观念。任何历史事物都是在特定的、具体的历史时间和地理条件下发生的。只有将史事置于历史进程的时空框架当中,才可能对史事有准确的理解。克罗齐说"一切历史都是现代史",也就是说所有的历史学家或历史理解与解释主要在于以现在的眼光,根据现实的问题来看过去。历史理解或解释中的情感倾向、态度判断、价值取向无处不蕴含着作者的主观因素。陈寅恪先生所说的对历史"了解之理解"或后人所说的"同情之理解",这里就包括了理解者特定的时空环境。

因此如果没有历史地看待时空的明确意识,没有掌握确切时间和空间要素的强烈意识,就不可能考察它们之间的相互关系或解释历史因果联系,进而形成相对稳定的价值观。

(四) 时空观念与家国情怀

家国情怀作为最高层次的核心素养,是历史课程中历史价值观教育的根本归宿,体现出对历史课程所承载的培育和涵养正确的历史价值观的高度重视和深切期望。但在不同时空条件下,家国情怀的内涵是有区别的。比如中国古代忧君忧民、先忧后乐、天下兴亡匹夫有责等情怀,近代仁人志士为救亡图存而牺牲个人幸福甚至生命的民族家国情怀,等等。这些情怀无一不打上时代的烙印,是一定历史时空条件下文化传统、民族心理与社会现实交融后人类的情感追求和体验,具有强烈的时代性。这种强烈的情怀又成为民族的精神支柱和前行路标,引导着人类或族群的发展。如果我们脱离具体的历史时空去看待这些情怀,不从具体的历史时空去引导学生体验这些情怀,情感目标的教学势必变成道德的说教,甚至出现道德和情感理解的悖论。

历史学科教学不仅需要引导学生从特定的时空条件下去认识、理解人类、族群或个体的情怀,更要引导学生从当下的社会现实出发,从历史中汲取精神食粮,培养积极向上的人生观、世界观、价值观。

第二节 时空观念核心素养下的历史课堂教学实践

一、基于培养高中生历史时空观念素养的历史课堂实践教学目标

历史时空观念是对事物与具体的时间和空间的联系进行观察和分析的观念。同时,历史时空观念素养作为一种可以外显的品质,在具体历史教育实践中如何考查学生历史时空观念素养的有无和高低,培养高中生历史时空观念素养要达到什么样的目标,笔者认为可以从以下几方面来看。

(一) 能够将史事与时空相联系

学生要能够将特定的史事与特定的时间和空间相联系。史事是学习者学习历史的主要内容,而史事又与时间和空间有着紧密的联系。首先,时间分长短和先后,任何事物的发展都是随着时间的推移在有序地更迭和发展;空间分大小,任何事物的发展都是在一定的地理位置和空间中所进行的,时空是构成史事的基本要素。其次,以时间为横轴,以空间为纵轴,时间和空间所交汇构成的点就是一个特定的时空,也是一个特定的、独一无二的时空,时空决定了史事的独特性。最后,由于时间的流逝性和不可逆性人们能够了解到的历史都是被记录的历史,其只能是无限接近真相的存在。历史工作者和学习者想要探究历史真相,就必须明确史实发生的时空,而后缩小范围依据史料证据进行"还原"。时空决定着人们学习和研究史事的方式。

(二) 能够划分历史时间和空间

学生要能够知道划分历史时间与空间的多种方式及标准,并能运用这些方式描述过去。首先,人类对历史进行描述的方式,古今中外是一样的,在人类漫长的生产实践中,逐渐形成了对时间和空间的基本认识,而时间和空间因其客观存在性不以任何物质为转移,刚好满

足了人类记述自身过往的要求,时空便成了人们描述过去的主要载体。其次,历史时间和历史空间划分的多样性要求学生学会划分历史时间和历史空间以帮助其学习,不至于思维混乱。正如前文叙述的一样,对历史时间的划分和计量并没有统一的标准,在世界各地的不同国家、民族都有各自不同的历史时间的计算方式,而在当前的历史学习中,纪年方法是我们最为常用的时间度量方法。除了历史时间的计算方法和标准不同,历史空间的划分标准也因当时的经济、政治制度不同而带有明显的时代特点。例如封建社会领土范围的划分通常用到"疆域"一词,当今社会则就以"领土"来定义。古代中国长期处于自给自足的自然经济状态,封建社会的君主专制制度使一个封建国家不仅拥有自己的主权行政区,还有不少臣属于自己主权的附属国,古代疆域指的是长期或临时受自己管辖的所有区域,而当今社会一个国家的领土则有严格意义上的国际法规定标准。

(三)可以借助时空来建构历史

学生可以时间顺序和空间要素为索引,条理清晰的建构历史事件、历史人物、历史现象之间的相互关系。这实际就是要求学生具备良好的时序思维,并且能将史实与空间相关联。历史事件的发生既有孤立的绝对性,又通常存在着因果先后的必然关系,按照时间先后顺序思维来分析记忆历史事件的发生,即时序思维。这要求学生要能够区分过去时间、现在时间和未来时间,对重大历史事件、历史现象发生的时间先后顺序有比较清晰的了解。

(四)可以凭借时空来解释历史

学生能够设身处地地立足于当时的时空背景,真实的感悟历史事件产生的原因,体会历史上的变化和延续,统一和多样,局部和整体,并结合当时的时代背景对史事作出全面科学的解释。这就不仅要求学生具备良好的时序思维而且还必须具备一定的共时性思维。时序背后包含的是前后逻辑关系,前后逻辑关系通常就是前因后果,我们常说时间上居前的事件通常是后继发生事件的原因,而之后的历史现象通常是前一事件的影响或结果,两者互相关联。共时性思维是指"从时间的横向性特点出发来理解历史"。历史现象总要经历产生、发展和衰亡的过程,历史的发展,在时间上是连续不断的,但是历史发展的连续性并不排斥历史发展的阶段性,不同的发展阶段反映了历史过程中质的变化。历史的人物、事件、现象总是在特定的某一段时间内发生和存在的,同一段时间下的历史包罗万象,各项内容之间彼此关联和影响。如果失去了与同时代的历史现象的联系,孤零零的历史事件就成了个体,也就失去了其鲜活生动的内容,也无法理解其发生发展的过程和原因。把历史对象置于具体的时间条件下进行考察,也就是说我们要把历史对象"放回"到某个时期,而这个时期应包括那个时代整体的社会环境——包括政治、经济、文化、教育、生活等各方面。将这些内容建立联系,把自然的时间真正变为有意义的历史的时间,通过历史氛围的营造让学习者进入历史的世界,设身处地感受历史对象,才能准确理解历史,做出合理解释。

(五) 要用时空来理解现实社会

学生能够将认识的对象置于具体的时空条件下进行考察,这是较高维度上的要求。学习历史并不单单为了识记历史知识,从功用的角度来看,学习历史就是以史明智,以史明鉴。具体而言就是通过历史课程的学习养成历史时空观念,将历史时空观念迁移到现实生活中来,理解和解决现实的问题。[①]

二、基于培养高中生历史时空观念素养的历史教学实践过程

教学是教师和学生交往互动的一个过程,在这个过程中,老师就相关知识等对学生进行引导,学生通过课堂教学活动的开展,对相关的知识进行学习和掌握,从而使自身的知识水平得到进一步提升,能力和技能得到进一步完善,发展自身人格。教学是落实课程标准的主要手段,其具有很强的目的性和意识性,因而为了培养高中生的历史

---

①李保祥,刘静."时空观念"素养引领下的高中历史教学——以人教版高中必修Ⅱ"二战后苏联的经济改革"为例[J].辽宁教育,2019(23):93-96.

时空观念素养,落实历史课程目标,就必须重视教学,努力完善教学过程。

(一)普及历史时空基本知识

历史教学内容纷繁庞杂,既有关于时间的知识也有关于空间的知识。教师讲授起来费力,学生学习起来混乱,因而在具体的历史教学中,教师不妨在讲某一课或者某一单元时将本课或本节的方法性和概念性历史时空基本知识做一个梳理和提炼并且内化于心,对概念性和方法性历史时空知识做到自我有充分的了解,而后在具体教学实践中加以利用,传授给学生。这样教师在讲授具体的历史史实时才会游刃有余,学生了解和内化概念性和方法性历史时空知识后,在学习具体的历史知识的时候才不至于云里雾里,张冠李戴。

1.要讲透各种纪年方法

公元纪年法,公元纪年又称西元纪年,产生于欧洲,其以《圣经》中记载的耶稣诞生的那一年称为纪元。如此,基督诞生之前为公元前某一年,基督诞生后的时间称为公元某某年。明白了公元纪年的来源和概念,紧接着在历史教学中需要让学生们掌握一种计算公元纪年距今年代数的方法。这种方法较为简单,发生在公元前的事情,只要把发生事件的当年数字加上今天的年代数即可,如公元前221年秦始皇完成"扫六合"距2020年已经过去了2241年;而发生在公元后的事件,就需用当今的年代计数减去该历史事件发生的年代数即可,如中日甲午战争发生的时间是1894年,距2020年已有126年。

干支纪年,干支是中国古代表示次序的符号,分为天干(甲、乙、丙、丁、戊、己、庚、辛、壬、癸)和地支(子、丑、寅、卯、辰、巳、午、未、申、酉、戌、亥)将天干和地支合起来纪年的方法就叫作干支纪年法。干支纪年法每六轮一复原,每六十年一循环,即成一个周期。

年号纪年法,在古代社会,每一位统治者都要选择年号对自己主政的时间进行记载。年号纪年始创于汉武帝,并为后代所延续。年号多为两个字组成,且多选用寓意较为尊贵抑或比较吉祥的字,如《岳阳楼记》"庆历四年春",《琵琶行》"元和十年",《游褒禅山记》"至和元年七月某日"，《石钟山记》"元丰七年"，《梅花岭记》"顺治二年"，等等。值得注意的是每一个皇帝启用一个新的年号，则纪年即从元年重新开始计算，而并非累积计算。中国历史上使用年号最多的是武则天，其执政二十一年，共计使用过十七个年号，而中国历史上连续使用时间最长的年号是"康熙"，因康熙在位六十一年，是中国历史上在位时间最长的皇帝，且康熙终其一生也只使用过"康熙"这一个年号。在历史学习中知道年号纪年法对学生把握历史史实发生的大致年代具有重要的作用，但在具体的历史教学中并不是要求每位学生对每一个皇帝的年号都了如指掌，学生只需识记重大历史事件发生的时间及其对应的皇帝年号即可。例如鸦片战争发生的时候正是清道光皇帝在位时期，所以鸦片战争发生的公元纪年是1840年，用年号纪年则是道光二十年；戊戌变法发生的时间1898年，是光绪皇帝在位期间，用年号纪年法则称光绪二十四年。

2.讲明历史空间知识

历史教学中具体的历史空间内容有：①古代地名，如河姆渡、镐京、长安、咸阳、大秦、大月氏、西域、岭南、荆州等；②当今地名，如南元谋县、北京周口店、都江堰、曲阜、东海、陇西、南海等；③专有区域，如黄河流域、长江流域、西南地区、中原地区、辽东半岛、西太平洋、古希腊、北欧、南欧、北非等；④各种历史地图和示意图。同时教师需注意的是在讲明历史空间的过程中应注意随着时间的推移历史空间和地域的动态变化，只有对历史空间在不同时间内的动态变化有了一定理解，才能理解和解释具体的历史史实，形成正确的历史时空观念。

3.讲述历史地图知识

这需要教师具备一定的地理知识，实现历史和地理的合科教学，需要教师讲述的历史地图相关知识有：比例尺、等高线、图例、图示、解释说明文字等。

（二）整合高中历史教学内容

整合和提炼高中历史教学内容的目的，第一，其可以避免重复的操作，节省教学时间；第二，将有内在联系的历史问题放在一块处理，能够更好地体现历史学科时序性和思维特质;第三,一定程度上可以改变学生知识结构的松散和零碎状况;第四,为教师更好地讲授做好前期准备。

整合中外历史教学内容,为最大限度地避免史实割裂,时序混乱,内容重复,在进行历史必修课程教材的编写时以时间为序,按照史实发生的时间先后顺序,组织撰写教材。但由此引发的问题是学生只注重了时序问题,而忽视了空间问题,这对于培养学生的历史时空观念是不利的。因而,在实际的历史教学中教师应该注意整合中外历史内容,注意横向联系,这可以更好地让学生了解不同文明的相互交流与碰撞,认识人类文明发展的多样性和统一性。如在学生学习"古代中国的政治制度"时教师就可以整合"古代希腊罗马的政治制度",能够让学生同时学习到中西方古代政治制度,理解同一时间架构下不同的地域会产生不同的政治文明,并分析其原因。这样的整合,不仅能弥补教材编写上的缺憾,也更能突出历史时空观念在历史教学内容上的要求,即能够做到古今贯之凸显中外历史本身的内在联系。

整合政治、经济、文化模块的内容。在学生进入历史选修课程学习后,历史教材的编写和教学又重回专题史模式,这又人为地将同一历史时期的历史现象拆分为"政治""经济""文化"或者其他部分进行学习,割裂了历史内容的内在联系。教师在此时应该对具有内在联系的不同历史专题内容加以整合。

(三)尝试使用多种教学方法

教学方法是指为完成教学任务而采用的方法,包括教师教的方法和学生学的方法,是教师引导学生掌握知识技能、获得身心发展而共同活动的方法。合适的教学方法能够大大增强教学的有效性,提升学生的学习效果。

具体而言,高中历史教学中可选用的教学方法有讲授法、讨论法等,笔者在前文已有概述,此处不过多赘述。此外还有问答法,问答法是指教师根据学生已经掌握的知识和经验,提出启发性的问题和线索,以师生问答或者谈话的方式,激发学生思考,从中获得新知,这是一种应用较为广泛的方法。具体又可将问答法分为以下几种,第一种,认知记忆型问题,例如提问学生某一历史事件的发生年代等;第二种,集中型问题,例如观察历史地图中可以得到的信息等;第三种,分歧型问题;第四种,评价型问题,例如结合具体的历史时空环境评价史实的真实与否等。

历史教学的方法有很多,每一种教学方法都有其优缺点,在具体的历史教学实践中如何去选用这些教学方法,应遵循以下几点要求:①依据教学目标而定,教学目标的侧重不同,其选择的教学方法就不同,例如为了培养学生的历史时空观念就可采用演示法这种较为直观的教学方法;②依据教学内容而定,教学内容的不同其对应的有效教学方法也不同,例如在展现历史空间区域的相关内容时就可选用演示法,在着重介绍历史细节和某个历史特征时叙述法就较为合适;③依据学生身心发展的特点而定,教学过程包含着教师的教和学生的学,因此教学方法的选择不可忽视的重要因素就是学生的身心发展和年龄特征,例如高中阶段学生的抽象思维能力得到一定发展,此时就可利用讲授法和发现法来进行历史教学。以上所述多为历史教学实践中可采用的普遍性教学方式,具体到高中生历史时空观念素养的培养上来说,可选用以下教学方式方法来完善教学过程。

1.勤画时间轴

信息技术不断发展,高中历史教学对信息技术的依赖程度有所增加,信息技术极大地拓宽了人类获取知识的渠道,更是影响着人们思考问题的方式。伴随着多媒体教学的出现,历史教学也迎来了新的改变,此时的历史教学可以借助科技手段全景再现过去的历史事件,变原先的二维历史教学为三维历史教学。但在现实中也有很多老师过分依赖多媒体设备,在具体课堂中少写甚至不写板书,在该画时间轴时并没有画,将历史时间一言带过,学生留下的印象并不深刻,这对学生历史时空观念的培养是不利的。时间轴是将某一些具有内在联系的历史事件划分到某一时间段,并将这些时间段串联起来,用多种形式表现出来。时间轴对于培养学生的时序观念实用而清晰,将大事件在时间轴上呈现,能够让学生在浩瀚的历史事件中发现历史发展的脉络,帮助学生识记历史,启迪历史思维。在教学中教师用板书或用多媒体呈现时间轴,甚至可以提倡"一课一轴",不仅如此,在课后学生也可以自我动手画时间轴以加深本节课知识的内化,检测本节内容的学习效果。

2.善用历史地图

历史史实单凭文字和语言描述显得枯燥而不够生动,难以体现历史的趣味性,更难激发学生学习历史的学习动机。而历史地图作为一种直观的方式,是历史教材相关内容在空间因素上的一些补充和说明。人们常说左图右史,这其中的图自然包含历史地图之意,可见历史地图对学生学习历史的重要作用。因而教师在教学过程中应善用历史地图来培养学生的历史时空观念,但在使用和讲授历史地图时应遵循以下原则。

第一,发掘核心信息,一张历史地图通常包含多种信息,此时就需要教师发掘地图中的核心信息,去繁就简直奔想要阐述的历史主题。

第二,注重时空结合。同一历史空间内经历时间的推移通常就会产生不同的历史事件和结果,这称之为历时性。例如同一地区内不同政治文明的演变,不同经济制度的发展,为此在使用历史地图时应注意时空的结合。

第三,讲"活"历史地图。提醒学生注意史实与时间和空间的对应关系,并理顺其中内在的逻辑关系,力图时空结合讲"活"这历史。

3.善用历史插图

历史插图是历史教材的构成要素之一,在历史教材中每一节课程的内容都会配以或多或少的插图,这些插图的内容多种多样,有历史发生的时间,有名胜古迹,有革命遗址,有模型图等。这些插图对课程内容是有利的补充,其在培养高中生历史时空观念素养上具有独特的作用。例如在讲解明清时期君主专制中央集权的强化时,有观点认为军机处的设立,标志着封建君主专制的进一步强化。学生对这一观点通常难以理解,此时教师即可结合图片向学生展示清朝军机处所处的空间方位(故宫养心殿旁低矮的一处房屋);再联想时间,军机处的设立在清朝雍正时期,而雍正常年处理政务的地方就是养心殿。如此便不难得出,军机处的设立实际就是为了便于皇帝办理政务,是为君主专制服务的一处机构,进一步反映出在清朝时期君主专制得到进一步的强化。这一过程便是学生结合具体的历史时空知识,理解历史和解读历史,养成历史时空观基本态度的过程。

在解释历史插图的过程中还应注意以下几点要求。第一,注意存异原则。有些历史插图中包含的历史信息较多,有些内容学界并未达成统一的认识,甚至是各执一端,教师在教学中对于尚未有定论的内容,应适当存异。第二,求真的原则。历史插图的使用是为了帮助学生更好地建构历史,但这并不意味着任何历史插图都可以拿来使用,教学过程中可用的历史插图必须是具有可信度的历史插图。

(四) 给予学法指导

历史时空观念素养包含历史时空元认知知识,而历史时空元认知知识的完善离不开学生自我经验的总结,但这并不意味着这样的能力和知识可以依靠学生自己独立完成。换言之,这其中少不了高中历史教师的引导,高中历史教师必须密切关注学生的认知情况和认知过程,而这个情况和过程恰恰是目前高中历史教学中教师们容易忽视的问题,他们通常只在乎学生认知的结果,对于学生是怎么获得结果的过程并不关注;同时也不够重视引导学生自主学习、主动反思评价完善知识体系的工作,以至于学生难以形成自我观察、自我学习、自我评价、自我调控的学习常态,影响到历史时空观念素养的建构。故而,教师帮助学生完善历史时空元认知知识和培养学生历史时空观记忆能力就显得尤为重要。

所谓记忆,是人的大脑对一些事件的认识和保持。记忆属于一个心理过程,和其他的心理活动的开展息息相关。要把历史知识识记牢固,发展历史时空观识记能力,掌握记忆的方法就成为必不可少的一环,教师在历史教学过程中可以指导学生采用多种方式方法进行记忆,主要有以下几种记忆方式可供教师参考:①联系记忆法,就是将一些不同时间,不同地点所发生的事件通过一些介质联系在一起加深记忆。②首字连词法,其是指利用每一个词的第一个字形成一个缩写,便于记忆的方法。比如在识记《南京条约》中"五口通商"具体是哪五个区域时,就可以采用此种记忆方式,将其记为"广厦福宁上"。③间隔记忆法,对一些重大历史事件按照某些发展规律进行记忆的一种方法。④谐音记忆法,当学生在学习一种新材料的时候运用联想,这对于记忆也很有帮助。

(五)尝试综合运用多种史观

历史时空观念素养的形成和提升本来就是高中历史教学中的重难点,而当下非常流行的三大史观——文明史观、全球史观和现代史观似乎为培养高中生历史时空观念素养提供了契机,因为在不同史观的指导下,学生在学习历史知识的时候,结合不同的历史时空背景对历史问题进行分析,会得出一些不同的结论、观点或者看法,带给学生更多的收获和启发。反过来,这样的学习过程,又会进一步丰富学生脑海中关于历史时空观念的建构体系。对此,为了进一步探讨高中生历史时空观念素养建构问题,笔者认为可以结合当下非常重要的三大史观,即文明史观、全球史观和现代史观进行探讨,尝试将三种史观落实到具体的历史时空观念培养中去。

1.尝试将文明史观用于历史时空观念的培养

何为文明史观,通俗地讲,探究人类社会文明演进变化的历史观念和看法就是文明史观,也就是一部人类社会发展史,它关注的是人类社会的物质文明、政治文明和精神文明等范畴的内容。物质文明又包括农业文明、工业文明、科技文明等内容;政治文明包括政治制度、民主体制、参政议政等内容;精神文明又包含语言文明等内容。

而文明史观中的历史时空观念,笔者认为包括了以下诸多内容:第一,文明起源的时间地点;第二,文明的发展、衰落与解体的阶段过程及时间划分;第三,文明发展各个时间段所在地域情况及社会生活情况等。因此,将文明史观与历史时空观念有机结合起来进行历史时空观念教学,对于建构学生的历史时空观念素养有着一定的现实意义。

2.尝试将全球史观用于历史时空观念的培养

全球史观是从国外兴起的一种对世界历史进行研究和解读的新视角和新观点,其关注的重点在于跨越国界,打破时空地域的限制,将人类活动的历史演变视为一个整体进行分析,从整体的视角去探寻人类社会的演变与发展情况,总结人类社会活动的发展模式和过程。它不仅颠覆了史学界传统的"欧洲中心论",而且让历史研究有了更多受益匪浅的收获。从全球史观的角度去进行历史时空观念的教学,毫无疑问加大了教师教学的难度和学生的学习难度,因为全球史观指导下所囊括的历史内容将更为庞大、繁杂,是一个"五脏俱全"的历史时空体系,这对高中生建构历史时空观念提出了更高的要求,它不再是让学生单纯地学习中国的历史脱离世界的步伐,也不是让学生单纯地学习国外某一个国家的重大历史变革,剥离、缩小或者忽视了我国与此时期的发展情况,而是古今中外的全面有机融合。

3.将现代史观应用于历史时空观念的培养

"现代史观"又称为"现代化史观",指的是在对人类社会历史进行分析和研究的时候,要坚持运用"现代化"的观点去解读、分析、评价中外历史发展情况,它是一种"一元多线"的发展观。由于现代史观的出发点问题,决定了现代化史观更多的关注点在于工业革命以来的世界历史以及人类从农业社会转向工业社会的整个过程,其中包括中国自鸦片战争以来的近现代历史时期。对于学生现代史观的培养,有利于学生坚持用发展的眼光去看待和评价历史问题,考察和分析历史事件。而在现代史观的指导下,学生建构历史时空观念素养会更加高效有序。

在现代化史观的指导下,要培养学生历史时空观念素养可以从以下几个方面进行努力。第一,教师要清楚现代史观在高中历史教材中的具体体现,包含了哪些课程内容,并在对这些内容进行教学的时候改变传统的教学方式,积极探索创新,推出新的教学模式,引导学生从不同的角度去解读历史获取新知。第二,教师要引导学生梳理清楚以时间为横轴、以空间为纵轴的历史现代化进程。第三,掌握各个重要历史时期历史事件发生的地域空间,分析其社会环境,明了其发展的前因后果。第四,引导学生坚持发展的眼光去看历史问题,要鼓励学生站在历史的时空坐标上反思历史,并善于从历史的滚滚长河中去发现历史的进步与人类社会的成长。人类是怎样一步步从农业社会转型到工业社会的?人类是如何坚持发明创造,不断创新逐步实现现代化的?我们衡量人类历史进步与发展的标准是什么?中国的现代化程度与世界的现代化步伐是否一致?中国与世界的对比带给我们哪些有益的启发?对于这些问题,教师要让学生在清晰了解其发展过程的基础上,知晓中国现代化与世界现代化各个阶段的时间划分、空间分布、社会背景等,同样要善于引导学生总结归纳,积极对比分析,让学生明白,在相同的社会生产力状态下,不同的社会由于受到多种因素的影响,其生产力发展水平不同,不管是在何种生产方式和社会形态下,社会生产力都不是静态的、单向的发展。如此才能让学生的历史时空观念更强,让已有的历史时空体系更清晰,才能逐渐丰富学生脑海中的历史时空坐标体系,促进学生灵活运用历史时空知识解决问题,提升学生的知识迁移能力。

三、基于培养高中生历史时空观念素养的历史教学评价实践

评价是指评价者依据一定的标准,对评价对象的各个方面进行测量,得出一个较为可靠的结论的过程。而学业评价是一种常用的对学生学习进行评价的类型,学校或老师根据制定的教育目标,通过书面测试、能力考查等多种措施对学生的学习、技能、综合素养等方面作出全面公正的评价的过程。根据以上定义,我们可以将历史学科的学业评价定义为:中学历史学业评价就是根据中学历史课程目标的要求,对学生的历史学习进展和变化进行价值判断,诊断学生是否达到历史课程目标的要求以及达到的程度。历史学业评价可反馈教师教学成果和学生学习效果,同时又可激励学生的历史学习和改进教师的教学过程,对培养学生的历史学科核心素养大有助益。历史学业评价在理念、原则、内容、方式和标准上有以下要求。

历史学业评价的理念是为了促进学生历史学科核心素养的发展，促进学生整体的发展。应试教育模式导致我国基础教育存在一定的问题，为此，我们应明确历史学业评价的目的是学生历史学科核心素养的发展，是为了促进学生的全面发展，创造适合学生的教育。

（一）历史学业评价的原则

历史学业评价应该坚持发展性原则，其评价的结果应该有助于学生的全面和可持续发展，历史学业评价应该激发学生学习历史的潜能，激励学生进行历史学习，关注学生能力的提升。

历史学业评价还应坚持多元化的原则，坚持历史学业评价内容的多元化，历史学业评价手段的多元化。例如改革传统的纸笔测验方式，除此之外还可以采用口试、书面作业评价、学生自评和互评、问卷调查、日常观察等。

历史学业评价还应坚持个性化原则，尊重学生的个性，正视学生的个性特点，关注学生之间的差异，帮助学生建立学习历史的自信心，为学生的持续发展储备足够的动力。

历史学业评价还应注意评价的开放性原则。为满足这些原则，基于核心素养的历史学科学业评价，应根据高中历史学科核心素养的培养要求，科学合理地设计评价的维度。

（二）历史学业评价的内容

历史学业评价的内容应该包含学生认知发展、评价思维发展、品德价值观发展等内容，如历史知识的掌握、学习技巧的应用、情感态度等。

（三）历史学业评价的方式

历史学业评价的方式，在历史学业评价的过程中应注意依据评价任务的不同设计不同的评价方式。历史学业评价最主要的方式有：诊断性评价、形成性评价、终结性评价等，而最主要的评价方式还是形成性评价和终结性评价。历史学科形成性评价的工具是以历史测验为主，其评价的对象是全体学生，同时还可以对学生的历史学科作业、历史课堂笔记、历史课堂表现、历史学科研究性学习成果进行评价。历史学业形成性评价能够及时发现学生在学习历史中遇到的问题、取得的进步;历史学业形成性评价对学生形成积极的历史学习态度、实现历史学科三维目标具有积极作用。历史学业终结性评价是指在学期结束或者某一阶段历史学习结束时对学生进行全面的评价,包括对历史学业成绩、历史学习态度、历史学习方法等进行评价。

(四) 历史学业评价的标准

要以历史学科核心素养的达成度作为评价的依据和标准,依据历史课程标准中对核心素养表现水平的不同层次和学业质量标准的描述,对学生进行客观评价;评价任务和评价目标的制定上要具体、清晰、可操作。为对学生的历史学业进行合理评价,测评学生历史时空观念素养水平,同时对培养高中生历史时空观念素养起促进作用,在历史教育实践中可采用以下方式进行历史学业评价。

1.采用纸笔测验的方式

纸笔测验是历史考试的主要形式,在测验时应该注意对历史课程目标进行全面的考察,考察内容应该体现历史课程标准中对历史时空观念素养的要求,同时注意试题的开放性和探究性,注意试题的灵活性和多样性。

2.采用历史制作的方式

历史制作可以考查学生动手与动脑的综合能力。在具体的教育实践中,为培养高中生历史时空观念素养可尝试让学生绘制历史时间轴和历史大事年表以此来对学生进行学业测评。历史大事年表,是指把过去发生的某些重大历史事件依据某一个主题按照时间的顺序排列起来,制作成一种直观和便于识记的图表,大事年表又可以分为综合性年表和专题性年表两种。历史大事年表以时间为主线,对培养学生的历史时空观念具有重要作用,可将制作历史大事年表作为历史学业测评的考查方式。

第六章 基于史料实证核心素养的历史课堂构建

第一节 史料实证核心素养概述

一、史料实证核心素养的概念

在高中历史教学中，"史料实证"这一历史学科的核心素养定义为：对获取的史料进行辨析，并运用可信的史料努力重现历史真实的态度与方法。历史过程是不可逆的，认识历史只能通过现存的史料。要形成对历史正确、客观的认识，必须重视史料的搜集、整理和辨析，去伪存真，即着力于培养学生掌握运用史料进行实证的方法，增强实证意识。定义中的"获取""辨析""运用"等是运用史料进行实证的途径，指向怎么做。而"史料"则是实证的依据，通过辨析所获取的史料重现的历史真实则是实证的证据。

"史料实证"素养的定义中不仅包含了史料实证的具体方法与路径，体现了学习历史的基本能力，还指明了学习和研究历史的过程就是培养学生科学地运用史料认识历史真实的过程，指向实证意识的养成。而其背后蕴藏的实证精神，不仅是对待历史应该具备的精神与态度，也是对待现实问题应该具备的精神与态度。据此，在"史料实证"这一历史学科核心素养中，培养的是学生能够秉承求真务实的实践精神和科学严谨的研究态度，从掌握多种搜集史料的途径出发，学会对搜集来的史料进行分类整理，并能够辨析史料的信度与证史的效度。在此基础上，形成对历史正确而客观的认识，达成去伪存真、努力重现历史真实的目标。这一过程既彰显了史学求真的态度与实证的精神，也培养了学生运用史料进行实证的能力，更是中国学生发展核心素养中科学精神、学会学习等在历史学科教学中的具体体现。

二、史料实证核心素养的地位

唯物史观是诸素养得以达成的理论保证；时空观念是诸素养中学科本质的体现；史料实证是诸素养得以达成的必要途径；历史解释是诸素养中对历史思维与表达能力的要求；家国情怀是诸素养中价值追求的目标。通过诸素养的培育，达到立德树人的要求。历史学科的五个核心素养彼此并立存在又相互交融，形成有机联系的整体，即：历史教学活动，必须在唯物史观理论的指导下，树立正确的价值观；能够将历史事件置于特定的时空框架中，掌握搜集、整理和辨析史料的方法与路径；在去伪存真的基础上，能够辩证、客观、多维度、多视角地理解历史事物，既能将其描述出来，还能揭示其表象背后的深层因果关系，从而重现历史真实。而这一学习和探究历史的过程与方法，也将同时内化为学生的人文追求、社会责任等必备品格。换而言之，历史课堂教学活动的根本任务，就是培养学生具有历史学科特征的正确价值观、关键能力与必备品格。

据此来聚焦史料实证在历史学科诸素养中的地位。

第一，唯物史观研究的对象是人类社会历史客观基础及发展规律，但是历史的场景无法再现或重演，因此，唯物史观的研究必须在考古、典籍分析、社会调查等途径中获取相关的史料信息，经过整理与辨析，在去伪存真的过程中进行研究。

第二，时空观念不仅是一种历史学习的技能，更是一种特定的历史思维方式。要培养学生准确地在特定的时间联系和空间联系中对事物进行观察和分析的能力，仍然离不开对特定时空下的史料进行梳理、分析、辨析或比较，以获得更符合历史原貌的相对全面和准确的认识，才能避免出现望文生义、以今非古的现象。

第三，历史解释主要是解释和分析史事以及解释和分析陈述者对史事主观的认识和观点。要落实历史解释素养的培养,也需要有充分的史料为依据,运用科学的方法对史料进行整理、辨析,获知局部的历史真实,然后才能在掌握证据的基础上,客观描述史实,论从史出地透过历史的表象追寻和把握其内含的因果联系,并对历史事物进行理性分析和客观评判,从而得以不断接近历史真实。

第四,上升至情感、态度和价值追求方面,家国情怀指明了历史学习在精神层面上要培育怎样的人。需要通过历史教学的培养,使学生能够具有价值关怀,充满人文情怀,关注现实问题,积极进取,人格健全,形成基于国际视野的国家意识、文化自信和政治认同。基于学生的年龄特点和认知水平,单向的说教与传输显然无助于达成这个目标,甚至还可能产生反作用。因此,教师需要在课堂上摆事实讲道理,引导和感召学生在历史真相中从感受起步,继而认同,进而内化,最终践行。①

在历史学习中,实证的精神与方法的培养,将影响学生科学的历史观和方法论的形成,将帮助学生在特定的时间联系和空间联系中准确理解史事,将引导学生对历史事物进行理性分析和客观评判,将使学生通过历史学习具有价值关怀、充满人文情怀并关注现实问题。牵一发而动全身,把握好史料实证这一历史学科核心素养的内涵,将有助于教师正确解读教材、准确把握教学重难点、合理设计教学环节、有效进行课堂引导。史料实证是学史重法的重要素养,也为达成全面培养学生学科核心素养的目标提供方法与路径。

三、史料实证核心素养的把握

(一) 学习与借鉴

历史学科具有相通性,我们首先可以以其他国家或地区的历史学科课程标准、基本要求为"他山之石",来为我们正确把握史料实证核心素养提供借鉴与参考。以英国为例,英国国家历史课程标准经历多

---

① 曹鹏. 浅谈高中历史核心素养培养途径——以史料实证为例[J]. 中学教学参考,2020(16):70-71.

次修改,修改后的英国国家历史课程标准一改以往详细论述、细致规定的路线,只确定了学习历史需要掌握的几个重要目标以及学习的具体内容,非常简明扼要,但切中要点。显然,英国在历史课堂中着力于培养学生的证据意识,鼓励低学段的学生主动发现历史问题和解决问题;引导中学段的学生逐步掌握从既有史料中获取历史信息、构建历史认知的方法;要求高学段的学生能够主动通过历史调查等方法获取史料、辨析史料、运用史料。能力要求螺旋式提升,倡导基于史料的探究式教学,学生必须通过探究认识如何得到关于过去的知识,而不只是知道过去曾经发生过一些什么事。

无论"他山之石"在相关历史学科运用史料进行实证方面的表述有何差异,都不约而同地表达了这样一个观点:在历史学习中,"史料"是"实证"的依据与对象,而搜集、整理和辨析史料的"实证"方法又将直接影响到史料证史的效度与信度。因此,我们又可以从理解什么是"史料",认识史料在实证中的作用,何谓"历史真实",培养"实证"精神的作用等方面来把握"史料实证"这一历史学科的核心素养。

(二)"实证"知"史料"

1.什么是史料

史料是实证的基本依据,准确理解史料的概念,是把握史料实证素养的首要方面。提及史料,在很多时候人们会不经意地把"史料"与"材料"等同起来看待。关于史料实证素养水平的表述有:能够区分史料的不同类型;在解答某一历史问题时,能够尝试从多种渠道获取与该问题相关的史料;能够从所获得的材料中提取有关的信息,要求学生能够多渠道地获取史料,并能够从材料中提取信息。而关于学业质量水平的表述则为:能够知道史料分为文献史料、图像史料、实物史料、口述史料等多种类型;能够在解答某一历史问题时,尝试从多种渠道获取与其有关的材料;能够从所获得的史料中提取有关的信息,要求学生能够多渠道地获取材料,并能够从史料中提取信息。在同一层次水平的两个表述中都出现了"史料"与"材料",从文本解读来看,两者区别不大,然而两个词虽然的确有很多共通之处,但严格意义上而言它们还是有区别的。

关于史料的定义，史学家们的说法不一，如王尔敏认为，史料即所有研究史学撰著史籍所必须根据之种种资料；白寿彝则认为史料亦即人类社会历史在发展过程中所遗留下来的痕迹。虽然在对史料的定义上存在些许差异，但史学家们都不约而同地认为史料是人类社会发展过程中在过去留下的遗存，是客观存在的，没有打上后人的主观印记。

这样看来史料无非是历史中的文献典籍、考古实物、遗迹遗址等。但在备课过程中，教师可以选用的素材远不止这些，各种与历史事件、历史人物有关的当下的书画作品、影音影像、诗词著述等也经常出现在中学历史课堂中，为教学所用。

是否所有可以选用的素材都属于史料？以央视的《国家宝藏》节目为例，该节目每集中会介绍一个博物馆中的馆藏国宝。这些国宝从各方面来看，无疑都属于史料的范畴，如果涉及相关历史教学时，它们会是教师的首选。但是围绕每件国宝都有一段由诸明星倾情参演的"前世传奇"，属于"基于基本史实合理虚构"的情景剧，这也是史料吗？答案显然是否定的。但是情景剧和类似的影视作品或者文学艺术作品也经常出现在当下的历史课堂中，而且只要方法运用得当，也能为实现教学目标服务，也是学习和研究历史可用的资料。

因此从实证的过程来看，通过多种途径可以获取与某些历史问题有关的"史料"，也可以获取"材料"，从中都可以提取信息，也都需要进行进一步的辨析，思考能否为解决某一历史问题所用以及如何使用。但是从定义来看，当下的书画作品、影音影像、诗词著述等基于基本史实的演绎或对基本史实的研究与看法更切合于材料的定义，即"原料或资料"。从范围来看，"材料"包括"史料"，广于"史料"；从表现特征来看，"史料"更多地表现出其客观性，"材料"则主要表现出其主观性。以上种种表明史料实证中的"史料"一词建议从广义去理解，在历史学习与研究时，对于获取的"史料"和"材料"都需要经过科学的辨析，有选择地为解决某一特定历史问题提供依据。准确把握对史料的认识将有助于教师明确史料的使用方法,更准确地判断其证史的信度和效度,落实对学生进行史料实证素养的培养。

2.史料是研究历史的重要依据

历史过程是不可逆的,认识历史只能通过现存的史料。要形成对历史正确、客观的认识,必须重视史料的搜集、整理和辨析,去伪存真。这清楚地指明历史学科学习与研究的对象具有特殊性,历史的真实并非直观存在,而是需要运用留存下来的史料进行重现,才能不断接近历史的真相。因此历史学习与研究离不开史料。

刘知几曾用"珍裘以众腋成温,广厦以群材合构"的比喻,将史料视作著书立说的前提与基础。傅斯年直率地以史学便是史料学的观点,指明了史料在历史研究中的重要地位与作用。凡此种种,尽管观点的侧重点各有不同,但都不约而同地表明了史料与历史研究紧密相连、不可分割的关系。

引申至历史教学,由于历史学科是以发生在过去的史事为学习和研究的对象,这些史事距离学生的认知与现实生活比较遥远,因此史料成为连接学生与历史、学习与教学之间的桥梁。现在的历史教学早已告别了读一读教材、讲一个讲故事的简单模式,运用史料来帮助学生了解史事、理解史事,进而表达观点、养成情感,成为教学的常态。教师在培养学生史料实证素养时,通常需要先示范,让学生体验以史料为依据获得历史知识,提出历史认识的过程。学生在教师的示范中既学习了历史本体知识,也在学习实证的方法。然后学生通过不断地模仿、迁移,将掌握的实证方法内化为自己的认知结构和学习能力,"论从史出"的学习习惯和实证意识也将在这个过程中得以培养和强化。这其中史料起了非常重要的媒介作用。因此,史料实证素养一定表现为以史料为依据进行实证的态度和方法。

(三)"实证"为"求真"

1.何谓历史真实

史料是实证的依据,运用史料的目的是重现历史的真实,这表明实证的过程是一个求真、知真的过程。要把握好史料实证素养,也需要对实证所追求的历史真实作概念的释读。

历史真实是个非常宏大的概念，所有曾经发生过的历史事件、历史现象和存在过的历史人物等都是历史真实的组成部分，然而今天的我们却已无法一窥其全貌。尽管在很多情况下，要复原历史的真实确实存在着不可逾越的障碍，但笔者还是深信，这都没有改变这样一个前提：历史本身是真实的，是客观存在过的事实。无论我们今天是否还能了解，或者我们了解了以后是否愿意承认。这清楚地表明历史真实是客观存在的事实，但它并非仅指当前我们通过研究而获知的历史。由于史料的局限或研究的方法等各种因素的限制，所获知的历史未必是绝对的历史真实。许纪霖教授也就历史真实提出过"瞎子摸象"的比喻，历史学的整个真相就是一头大象，我们每个历史学者都是瞎子摸象，每个人摸的都是大象的一部分，你摸的是大腿，我摸的是鼻子，从局部来说都是对的，但并非可代表整体。整体的真相是一个无穷的探索过程，你可以不断接近它，却无法穷尽它。例如崧泽文化、广富林文化是上海地区早期人类文化发展历史的代表，在崧泽遗址中发现了"上海第一村""上海第一房""上海第一井""上海第一稻"，还通过先进的科技手段复原了"上海第一人"；在广富林遗址的考古中发现了上海地区的首支移民等。这些都是考古实证下的历史真实。然而这是否就是上海地区最早的、完整的人类活动历史？这些已知的"第一"和"首支"会被再次改写吗？恐怕谁也不敢保证。可见，当下的历史学习和研究几乎不可能重现完整的、全方位的历史真实，但这并不影响历史本身是真实的，是客观存在过的事实。只要我们有求真的精神、严谨的态度、科学的方法，就可能重现局部的历史真实，哪怕只是一个小小的历史细节，以此达到不断努力接近整体真相的目标。而重现的历史真实的深度与宽度，则取决于我们获取的史料以及对史料辨析与运用的方法。

2.实证精神的现实意义

培养史料实证素养就是引导学生在运用史料进行实证的过程中不断增强实证意识，懂得基于唯物史观，保持严谨而客观的态度，通过科学的方法来学习与研究历史,能够以实证精神对待历史与现实问题。这也是中国学生发展核心素养中科学精神、学会学习等素养在历史学科教学中的具体体现。

求真务实的治学精神和科学严谨的研究态度,是培养学生史料实证素养的基本着眼点。从历史学诞生起至今,纵观古今,横贯中西,无数专家学者将"考证其实"视为治史的态度、品格与能力,也提出了诸多运用史料进行实证的原则和方法。乾嘉学派的代表人物之一戴震就曾提出:"其得于学,不以人蔽己,不以己自蔽,不为一时之名,亦不期后世之名。"即使乾嘉学派是受当时社会背景制约的学术产物,但他们所倡导的"凡立一义,必凭证据。无证据而以臆度者,在所必摈""选择证据,以古为尚""孤证不为定说"的治学精神与原则,仍然具有实用价值与时代意义。而近代西方,创立于19世纪的兰克史学也主张历史学家要摆脱一切先入之见,避免主观的各种偏见,仅仅依靠确凿的史料根据,如实地叙述过去真正发生过的事件,将如实地还原与再现历史视为史学的职能。这些治学理念与精神,不仅在历史学研究领域发挥着重要的引领作用,更见微知著地影响着国家记忆、社会生活等各个方面。

求真是历史学习的本质,知真是立德树人的基石。如果学生在学习历史的过程中并没有认识和感悟到对待历史和现实问题需要有求真的实证精神,自然不会有主动地搜集、整理、辨析史料的行为,所谓的学习方法就是空谈。因此对学生进行史料实证素养的培养,不仅要教实证的方法,更要在此过程中有意识地培养实证的精神和意识。

第二节 史料实证在历史课堂中的体现

史料实证作为学习历史的方法,与历史学科有着千丝万缕的联系。在高中历史教学中史料实证体现在多方面,本节分别列举出史料实证在课程标准、历史教材、练习题、历史课堂教学中的体现。

一、史料实证在高中课程标准中的体现

学科核心素养是学科育人价值的集中体现,是通过某学科学习而逐步形成的关键能力、必备品格与价值观念。普通高中历史课程标准分为六大部分,即课程性质与基本理念、学科核心素养与课程标准、课程结构、课程内容、学业质量标准、实施建议。

第一部分课程性质与基本理念明确提出培养和提高学生的历史学科核心素养是高中历史教学的目标。不论是课程内容的设计抑或是课程实施等多个环节,都要从始至终地以培养学生历史学科核心素养为目标,与教学各个环节紧密相连,融会贯通。

第二部分学科核心素养与课程目标中对史料实证这一概念下了定义,说明了高中历史学科五大核心素养之间的联系,简述了通过高中历史课程的学习学生关于史料实证这一核心素养应该掌握的程度。在第三部分课程结构中点明了设计普通高中历史课程结构的主要依据有历史学科核心素养。

在第四部分课程内容中对高中历史必修的专题提出了教学提示,教师首先在实际教学过程中需要注意关于历史情境的设计,以便学生能够设身处地地思考历史问题,在当时的历史背景下考虑有关的社会问题。然后再引导学生思考历史问题,认识历史事件本身的性质、特点、作用、影响等。在此专题学习之后,课标要求学生能够知道从古至今的各种史料是了解历史的重要证据,这些史料包括文献、历史遗迹等。除此之外,课标还要求学生能够运用资料来检验自己对历史问题的认识。选修模块中均对教学中培养史料实证能力做了要求,并都设计了关于历史学科核心素养教学活动的示例。其中从《史料研读》模块,足以可见对史料的重视程度,此模块分为七个专题,即史料及搜集、运用史料的原则与方法;文献史料研读;实物史料研读;口述史料研读;图像史料研读;现代音像史料研读;数字资源的利用。此模块主要是以学生阅读为主而展开的教学活动,重在培养学生的历史阅读能

力。要知道史料是人们了解过去的重要证据,何为史料,知道不同类型的史料都有其自身的价值和局限性,如何获得不同类型的史料进行历史研究,知道文献史料是史料中最重要的部分;学生需要了解搜集、整理、运用史料的基本方法和原则;让学生有意识地尝试运用各种类型的史料对历史问题进行探究。

在第五部分学业质量标准中将史料实证这一核心素养详细的划分为四层水平,水平二是高中毕业生在学完历史这一科目应该达到合格的标准,水平四是学业水平等级性考试的命题依据。学业质量水平中关于史料实证这一部分的内容如下表6-1所示。

表6-1　学业质量水平

水平	质量描述
一	能够知道史料分为文献史料、图像史料、实物史料、口述史料、实地史料等多种类型;能够在解答某一历史问题时,尝试从多种渠道获取与其有关的材料;能够从所获得的史料中提取有关的信息
二	能够认识不同类型的史料所具有的不同价值;能够掌握获取史料的基本方法;能够在对史事与现实问题进行论述的过程中,尝试运用史料作为证据论证自己的观点
三	能够在探究特定历史问题时,自主地搜集有关的史料;能够对史料进行整理和辨析,并判断其价值;能够利用不同类型史料的长处,对所探究的问题进行互证
四	能够比较、分析不同来源、不同观点的史料;能够在辨别史料作者意图的基础上利用史料;在对历史的评述时,能够对材料进行适当的取舍;在对历史和现实问题进行探究的过程中,能够恰当地运用史料对所探究问题进行论述;能够符合规范地引用史料

在第六部分实施建议中,明确指出需要理解历史学科核心素养,科学制定教学目标;树立指向学生历史学科核心素养的教学理念,有效设计教学过程。关于对史料实证能力的培养,教师在必修模块制定教学目标时要注重培养学生以史料为依据来重构历史的意识。史料研习的教学,是以史料研习为基础,在此基础上进行的学生探究活动,通过活动,培养学生史料实证能力。历史学科学业水平考试以考查历史学科核心素养的具备程度为目的,在历史教科书编写指导原则中指

出教科书编写是以学生历史学科核心素养的发展为起点,内容设计与编排重点应以历史学科核心素养为目标。在地方和学校实施校本课程的建议中提出建立基于历史学科核心素养的评价制度。关于史料实证这一核心素养水平的划分如下表6-2。

表6-2　历史学科核心素养水平划分

素养水平	史料实证
水平一	能够区分史料的不同类型;在解答某一问题时,能够尝试从多种渠道获取与该问题相关的史料;能够从所获得的材料中提取有关的信息
水平二	能够认识不同类型的史料所具有的不同价值;明了史料在历史叙述中的基础作用;在对史事与现实问题进行论述的过程中,能够尝试运用史料作为证据论证自己的观点
水平三	在探究特定历史问题时,能够对史料进行整理和辨析;能够利用不同类型史料的长处,对所探究的问题进行互证,形成对该问题更全面、丰富的解释
水平四	能够比较、分析不同来源、不同观点的史料;能够在辨别史料作者意图的基础上利用史料;在对历史和现实问题进行独立探究的过程中,能够恰当运用史料对所探究问题进行论述

二、史料实证在高中历史教材中的体现

教材是教师和学生据以进行教学活动的材料,包括教科书、讲义、讲授提纲、参考书、活动指导书以及各种视听材料。其中,教科书是教材的主体部分,故人们常把教科书简称为教材。教科书是按照课程标准编写的教学用书,是一门课程的核心教学材料,是学生在学校获得系统知识、进行学习的主要材料,是教师进行教学的主要依据。

历史课堂所教授的历史结论都是根据现有的证据推断出来的。教学过程应当是教师与学生一起探究真理的共同过程,教师需要帮助、引导学生利用学习资源解决问题。史料实证与历史教材之间的关系如下。

第一,培养学生史料实证能力,运用史料教学需要以教材的内容为基础。教材是教师与学生共同直面的学习资源,是开展教学活动的主要学习资源。课堂中加入史料进行教学不是为了降低教材的地位,

而是为了学生更好地理解教材,并且可以扩宽对历史的问题的认识。课堂教学中教师要根据教材的内容有选择性地加入史料,以便学生更好地掌握知识。

第二,教材是教学的基础资源,教学不可完全依赖教材。教学过程需要适时地补充资料,史料要与教材的内容相互呼应。高中历史教材中的史料通常包括实物图片、地图、文献。[①]

三、史料实证在高中课堂教学中的体现

历史教学中运用的史料应该真实、可靠,符合学生的认知水平。以高中历史人教版必修三《文艺复兴与宗教改革》为例,教师在教学过程中可以以文字史料的形式介绍文艺复兴前欧洲人们的生活状态,以图片的形式展现拉斐尔的《圣母圣子图》。下面是一则案例。

教师:文艺复兴前期,公元5世纪到14世纪,我们称为"中世纪"。根据材料,我们能看出当时欧洲人们的生活状态是怎样的呢?

学生:以神为中心。

教师:对,中世纪是崇尚神学的,束缚人性。我们看拉斐尔的作品,从画中你感受到了什么?

学生:温暖。

教师:拉斐尔是文艺复兴时期的代表人物之一,擅长绘画,在他七岁那年,他的母亲就去世了,十一岁父亲也去世了,可以说他的童年是缺少亲情的。我们平常写日记,日记的内容是我们当时书写时想要表达的思想感受,经历的事情或所处的环境。拉斐尔的生存背景是人性压抑,他又没有母亲的关怀,但是他的作品中流露出对母亲的爱。他的作品透露出母爱,母爱是人的正常感情,也就是说他的作品没有表现出对人性的压抑。中世纪是要压抑人性,文艺复兴时期赞扬了人性,那从中世纪到文艺复兴之间思想的转变就是将人从束缚中解救出来。

在教学中,通过文字史料解读出文艺复兴前期社会是崇尚神学

---

①魏恤民主编. 史料实证的教学设计与学业评价[M]. 广州:广东高等教育出版社,2020.

的,压抑人性。展示文艺复兴时期的代表人物拉斐尔的作品,教师进行解读,从图中可以感受到母子之间的亲情,这个过程达到史料实证水平,能够区分哪个是文字史料,哪个是实物史料,并且从不同的史料中提取有关的信息。

教师介绍拉斐尔的童年经历:七岁时母亲去世,十一岁父亲去世。拉斐尔从小缺少母爱,因此他渴望母爱,渴望回归自然人性,作者所作出的作品表达的是他创作作品时的思想感受。此过程达到史料实证水平二,即运用史料作为证据论证观点。教师以口传的形式告诉学生拉斐尔童年的经历:拉斐尔从小缺乏亲情,缺乏母爱,因此他渴望母爱。他的作品是他在创作时的思想感受,他渴望母爱,在他的作品中就展现出对母爱的渴望。

探讨人文主义的内涵时,能够对史料进行整理和辨析达到史料实证水平三。人文主义肯定人的价值,反对神的权威,拉斐尔的作品表达出母子之间的亲情,肯定了人性。通过不同时期,即文艺复兴前与文艺复兴时期,人类对人性从压抑到肯定的转变来理解人文主义的内涵。

拉斐尔的作品表达出对人性的肯定,学生通过文字史料与实物史料解读出对人性的不同态度,理解人文主义的内涵,做到论从史出,达到史料实证水平四的培养。

第三节 史料实证课堂案例分析

为了更清晰地展现在教学中对于史料实证能力的培养,本节以人教版高中历史必修二的一课进行教学设计,旨在教学过程中体现和培养史料实证这一核心素养并提出四条教学策略。

一、史料实证在《第一次工业革命》一课的应用

本课课题为第一次工业革命;课时计划1课时;授课对象为高一学生。

(一) 设计理念

本节课的设计是在史料实证理念下完成的,首先确定时空观念,确定是在18世纪60年代至19世纪40年代,由英国发起,将学生带入这个时空的大背景下。其次,利用史料分析问题,做到论从史出。最后,学生以小组讨论的方式进行分析工业革命的影响,有助于学生记忆。

(二)设计原则

①探索问题为目的。教学中设置问题,从问题出发,研究问题、解决问题,培养学生思维能力。②以小组为形式进行讨论,让学生参与进来,调动学生学习积极性、创造力、增加与教师的交流。③教学生活化。教师以现实生活为例子进行解释说明,使学生易于理解。④教学与政治地理连接起来。人类的活动离不开地理环境、政治因素,将其连接起来易于知识的透彻讲解。⑤以史料运用为条件。把史料作为证据,用以解决历史问题,培养学生史料实证素养。

(三)教材分析

《第一次工业革命》选自人教版高中历史必修二第二单元《资本主义世界市场的形成和发展》。本单元一共有四课,这四课全都围绕着资本主义世界市场的形成和发展,第一次工业革命具有承上启下的作用,在这一单元中地位重要。

(四) 学情分析

本节课授课对象是高一年级的学生,高一年级是角色转换时期,需要从知识训练过渡到自主学习。在初中历史课中学习过第一次工业革命,学生对历史人物、历史事件有了初步的了解,但是对掌握得还不深入。经过高中第一学期必修一的学习,学生已经初步具备了历史思维和解决历史问题的能力。此课和现实生活有密切的联系,因此讲解本课时需结合当时社会,放在时代大背景下思考。

(五) 教学目标

知道第一次工业革命的重大发明成果,掌握工业革命的进程和影响。通过探讨工业革命首先发生在英国的原因,培养学生历史学科核心素养。通过学生对史料的搜集、探讨,教师引导学生分析工业革命的影响,提高学生分析史料,正确评价历史事件的能力。学生通过理解英国发生工业革命的原因,知道工业革命有广阔的海外交易市场,交易市场形成了世界市场,世界市场的大量交易需要技术革命更新,它们之间的关系密切。通过对工业革命的学习,学生理解其对人类生活的深远影响。

(六) 教学重难点

1.教学重点

英国发生第一次工业革命的条件;第一次工业革命的重大发明成果;第一次工业革命的影响。

2.教学难点

第一次工业革命对资本主义世界市场形成的影响。

分析:第一次工业革命的成果以及它给人类社会带来的深远影响是本课的重点,而英国发生第一次工业革命的条件是本课的第一子目,工业革命技术革新、形成世界市场都与它的条件密切相关,因此也是本课的重点。

(七) 教学方法

教法:讲授法、讨论法、情境教学法。

学法:归纳探究法。

分析:教师设置情境,让学生了解当时的社会背景;通过教师的讲解,使学生理解事件发生的原因、先后顺序;让学生讨论,开发思维;由老师最后归纳总结。

(八) 教学过程

1.课前准备

阅读教材,预习本课,搜集有关第一次工业革命影响的史料。结合必修一、必修二学习过的内容,分析第一次工业革命在英国发生的原因。提前让班级同学预习本课。

2.导入新课

多媒体展示一张关于第一次工业革命的图片。

教师:18世纪60年代,乾隆在位的时期,我国的交通工具主要为马匹、驴子、轿子等,那时的空气很清新,没有工厂,没有机器,我国自给自足的生活方式很安逸。而在地球的另一头却发生着一场重大的变革,这场变革很特殊,引领着世界的潮流,使英国成为当时世界上最强大的国家。这场革命的发生,出现了世界上第一辆火车。那么这场革命是什么呢?今天我们就来学习这堂新课。

教学设计意图:先展示一张史料图片,吸引学生的注意力,再通过教师叙述,让学生有个时间与空间上的概念对比,使学生初步了解这场革命的重要性,以达到培养学生历史学科核心素养的目的。

3教授新课

第一,第一次工业革命发生在英国的原因。设置问题,第一次工业革命是资本主义时期由工场手工业向大机器生产的一次飞跃并由此带来了社会关系发生改变。

教师:根据课本,我们知道第一次工业革命发生在英国,时间为18世纪60年代,那为什么是英国而不是其他的国家呢?或者说,如果我们要在这里建造一个有大机器生产的工厂,我们需要什么,满足哪些条件才能建立工厂?请学生们思考问题,结合课本回答问题。

教学设计意图:首先说明何为工业革命,强调工业革命是以机器大生产取代了工场手工业,再设置现实问题,让学生思考,拉近学生与历史的距离,为之后分析英国能设立工厂的原因打下基础。

第二,第二次工业革命的进程。开始于棉纺织业。

教师:除了市场需求量大之外,我们还可以从这段史料中得出什么信息呢?

学生:首先出现在纺织业。

教师:对,还有纺织业这一信息点。第一次工业革命最先出现在纺织行业,具体是在棉纺织业,那为什么是这个行业,不是其他的行业呢?棉纺织业在当时是一个新兴的部门,一张白纸好作画。它是新兴的部门,因此它没有旧传统和行会的束缚,没有条条框框的规则,让它容易在技术上面进行创新,并且在这个领域,大家都是新人,也利于其开展竞争。除此之外,就这个部门的产品来说,棉纺织品的价格比毛纺织品便宜,衣服又是必备的,市场需求量极大,市场需求一直增加,为了满足不断增加的需求就需要扩大生产规模来增加产品的产量,所以对技术革新的要求比较迫切。

教学设计意图:通过文字史料,提问学生,培养学生从史料中查找信息的能力,并且从史料中引出第一次工业革命最先发生的行业部门,培养学生历史学科核心素养。

第三,世界市场的形成。教师向学生讲述,最开始,各个洲,各个国家是独立的,英国的海外贸易将各国连接起来,形成了世界市场。

教学设计意图:通过史料可以看出英国和全世界各地都有贸易往来,再加上教师的讲解,英国与各国的市场交易,形成了世界市场,培养学生历史学科核心素养。

第四,第一次工业革命的影响。让学生以小组的形式分享自己找到的史料,讨论第一次工业革命带来的影响,小组代表发言总结影响,展示自己寻找的史料。

4.教师总结

第一次工业革命的影响体现在这几个方面。经济方面,生产力提高,生产结构发生改变,加快了城市化进程,职业发生改变,提高了生活水平。社会关系方面,使工业资产阶级和无产阶级对立。思想方面,促进科学教育发展,自由主义经济思想诞生。世界市场方面,密切了世界联系,资本主义世界市场形成,西方国家加强了对外侵略。环境方面,污染环境。

教学设计意图:在课堂结尾处让学生以小组形式进行讨论,可以检验本堂课学生的理解状况,开发学生的思维能力,最后教师总结,加深学生的印象。学生之间分成小组讨论,也可以锻炼他们的团结共处能力,学会合作,总结小组内成员讨论的结果,自行选择代表做汇报。

教师向学生总结本课的内容:第一次工业革命的概念,18世纪60

年代发生在英国的原因,最先开始于棉纺织业及其原因,工业革命的进程、发明成果、影响意义。

教学设计意图:在课堂接近尾声时及时总结归纳所学内容,巩固知识,有利于学生的记忆。

5.作业布置

复习本课,做练习题,预习下节课《第二次工业革命》。搜集有关《第二次工业革命》的史料,下节课学生分享搜集的史料。

6.教学反思

在本节课中,虽然让学生讨论,进行总结,但是整堂课中学生仍处于被动学习的状态,通过教师对史料进行解读,也相当于将学生放在一个固有的框架里面。第一次工业革命的发明成果,发明人物、时间是需要记忆的,应该多次强调,加深学生的印象。此课相对贴近生活,可以多和学生互动,把课堂交给学生,让学生多动脑子自己尝试总结。史料的种类繁多,在本次的教学设计中运用的史料种类较少,对于充分利用课程资源方面比较欠缺。高中课堂教学的时间有限,课程时间安排得较为紧凑,对于学生的反应思考时间较短。在有限的时间内让学生收获最大并且完成教学任务这是以后需要改进的地方。

(九) 教学设计分析

本课在讲授过程中运用了大量的史料,每用一段史料,说明一个问题,历史事件之间相互关联,上下连接,培养学生的时空观念、唯物史观、史料实证、历史解释、家国情怀五大历史核心素养。使学生的知识点相连接,不断裂。在教学过程中添加现实生活中的例子,降低学生的理解难度。在上本节历史课之前,让学生寻找有关第一次工业革命影响的史料,锻炼学生判断史料、寻找史料的能力。在课堂的讨论环节中,通过寻找的史料总结影响因素,培养学生辨别、分析史料的能力,学生在相互讨论的过程中,培养他们的合作能力,活跃课堂,提高学习的积极性。通过学生自己查找史料、分析史料,让他们自己寻找学习历史的兴趣,培养他们阅读和分析史料的能力,进而达到运用史料解释的培养目标。①

二、高中历史教学实践策略

这里叙述四个高中历史教学的应对策略，即注重史料实证能力的培养和提高，重视"问题意识"的养成，充分利用各种资源，通过这四个策略来培养学生的史料实证能力。

(一) 注重史料实证能力的培养和提高

课堂上教师的讲述尤其重要，应利用多媒体和自身的讲述将培养历史学科核心素养贯穿于整节课堂。首先，历史学科的学习离不开史料，教师应该充分利用课程资源，如图书馆、博物馆、史学著作等，挑选当中有价值的，并且高中学生能够理解的史料，在课堂上进行展示和同学们一起分享，以提示、引导的方式对史料进行解读。其次，历史的发生是有先后顺序的，教师应在讲述过程中将时间链捋清楚，使学生清楚明白历史事件发生的先后顺序，并且可以通过地图史料培养学生的时空观念。再者，教师在讲述历史事件时，加上当时生活的背景，将学生带到情境之中，使学生更容易理解历史事件为何会这样发生，接着通过教师解释历史事件发生后的局面来引导出下一件历史事件的发生，将历史事件与历史事件之间连接起来，培养学生分析历史事件的能力，理解历史事件的发生受当时社会背景的影响，学会从当时的时代背景看待历史问题，不从自身所处的环境看待历史问题，认识人类社会发展的特殊规律。最后，在学习历史学科时，引导学生正确评价历史事件，培养学生正确的人生观、价值观、世界观，达到立德树人的要求，培养学生家国情怀。课堂中应将培养和提高学生的历史学科核心素养为目标，不只是教学生历史知识，还要教会学生学习历史的方法，培养健康的人格。

具体培养方法如下。

第一，认识史料，培养史料实证意识。让学生认识史料是前提，只

---

①陈守念,陈敏.结合教材分析与史料解析,培养历史课堂的史料实证能力——以《明朝的对外关系》教学设计案为例[J].科学咨询,2020(39):158-159.

有知道什么是史料才能培养学生史料实证的能力。学生接触最多的课程资源是教科书、试卷,这些资源中最常见的史料是文献史料、实物图片史料、地图史料,教师在教授时可先问学生这是否为史料,是哪一种类型的史料,此则史料的可信度高否,由此培养学生辨别史料价值的能力。

第二,教师以身作则,运用史料说话。教师在授课时所展示的史料,告诉学生史料的出处和它的可信度,与学生一起解读史料、分析史料,从史料中提取有效信息,解释、论证某一历史问题,做到论从史出。

第三,搜集有关史料实证类的试题,让学生做专项训练。通过大量试题的训练,培养学生运用史料说话,提高学生史料实证的能力。

第四,利用课外探究,教师确定主题让学生搜集相关史料,培养学生搜集史料,鉴别史料的能力。

(二)高度关注普通高中历史课程标准

课程标准是指导性文件,它包含了课程性质与理念,课程目标,课程内容等,对于学生而言是基本的要求,对于教师而言是进行教学的直接依据。高中历史教师应该认真钻研历史课程标准,领会课程标准中的新观念,将其贯穿于历史的教学过程中,努力避免"穿新鞋走老路"的现象。因为课程标准是一份宏观的指导性文件,对于内容标准上比较概括,教师应该领会其中的精神实质,在教学实践中创造性地加以应用,成为教育教学的研究者。教师是课堂上的实际掌控者,不同的历史教师带来的历史课堂也是不同的。有能力的教师,他可以快速吸收新的研究成果并将之用于课堂之上;有长期经验的教师可能已经形成了自己的教学方式;有些新教师可能还在成长的道路上摸索,寻找适合自己的教学方式;不管是何种情况,高中历史教师都应该以课程标准为依据进行历史教学工作。历史教师应该与时俱进,更新观念,认真研读最新版的课程标准,按照课程标准的要求培养人才。高度关注课程标准对于教师培养学生史料实证能力是关键,教师只有自身的素养、水平提高才能更好地培养学生。

(三)重视"问题意识"的养成

"产生学习的根本原因不是感知而是问题。"问题是学习的出发点,带着问题去学习,解决问题,再从学习中发现新的问题,以此循环探索科学的奥秘。在高中历史教学中教师设置问题时,不能将问题设置得太难导致无人回答,造成教师自问自答的尴尬场面,应将符合学生认知水平的问题留给学生,避免无效的提问,让学生独立思考,注重问题意识的培养,增加了学生与教师的交流,可以活跃课堂的气氛。学生独立思考问题的时候有利于激发他们的创新能力,使他们的思维不受框架的限制,发散自己的思维,而现代社会发展中所需要的能力之一就是创新能力。人生在世不能总是一帆风顺,难免有些问题需要自己解决,课堂中重视问题意识的养成可以锻炼其解决问题的能力,适应社会的发展,不管是对历史学科的学习还是对今后人生的发展都具有重要的作用及意义。课堂上,历史教师提出问题,可以便于了解学生的掌握程度,对于学生而言,回答问题时也是他们展现自己的机会,加上教师的鼓励指导有利于培养其自信心。

教师在设置问题时,应遵循四大原则:第一,针对性原则,需要让学生明白哪些道理,教学的重难点是什么,要针对教学内容,有目的地进行提问。第二,可接受性原则,了解不同年龄段学生的心理状态、学习能力、性格特征等,要设置适合他们的问题,不可过度拔高。第三,循序渐进性原则,问题设置得由浅至深、由表及里、由易到难。第四,趣味性原则,教学过程中努力将枯燥的文字转换成学生感兴趣的问题,调动学生的积极性。

(四)充分利用各种资源

首先,教师作为重要的教学资源之一,其本身就决定着教学质量的好坏。历史教师应该终身学习,不止要学习历史方面的知识,还要学习其他方面的知识,因为历史本就是一个大容量的学科,包含经济、政治、科学技术等。除此之外,教师还应该大量参加有利于提高自己教师技能的活动或比赛,提高自己的教学能力。其次,充分开发家庭资源。家庭一直陪伴着学生,对学生的影响深远,充分开发丰富的家庭资源和社区资源,可以帮助学生走出教科书的框架,加深对历史学科的理解,激发学生学习历史的兴趣。再次,充分利用社会资源,例如博物馆、历史遗迹、爱国教育基地等,有利于学生从不同角度感受历史,并且可以培养学生善于利用身边现有的资源学习和解决问题的能力,对学生以后的未来发展有极大的好处。最后,利用网络资源。现代的网络技术发达,教师可以利用多媒体,播放一些影视资料,教师单纯依靠叙述讲解,对学生进行听觉上的刺激,学生维持记忆的时间短,如果配合生动的视频、图像,学生的记忆时间就会加长。通过开发课程资源让学生接触不同的史料,培养学生认识史料,鉴别史料的能力。

第七章 基于唯物史观核心素养的
历史课堂构建

第一节 唯物史观核心素养概述

一、历史观与唯物史观

历史观是人们对社会历史的根本观点、总的看法,是哲学基本问题在社会历史领域的延伸,是中学历史教育教学的灵魂旨归。

对于中学历史教学来说,中学历史课程从性质上要运用历史唯物主义观点,以社会形态从低级到高级发展为主线,展现历史演进的基本过程以及人类在历史上创造的文明成果,揭示人类历史发展的基本规律和大趋势。其思想导向和价值判断要以唯物史观为指导,对人类历史发展进行科学的阐释,将正确的思想导向和价值判断融入对历史的叙述和评判中;要引领学生通过历史学习,认清历史发展规律,对历史与现实有全面、正确的认识,形成实事求是的科学态度以及正确的世界观、人生观、价值观和历史观;要增强学生的历史使命感,不断增强学生对伟大祖国的认同,对中华民族的认同,对中华文化的认同,对中国共产党的认同,对中国特色社会主义道路的认同;增强学生的世界意识,拓宽国际视野。

要坚持落实立德树人的根本任务,首要目标是了解唯物史观的基本观点和方法,理解唯物史观是科学的历史观;能够正确认识人类历史发展的总趋势;能够将唯物史观运用于历史的学习与探究中,并将唯物史观作为认识和解决现实问题的指导思想。

唯物史观作为历史学科能力培养的灵魂,是实现学生发展核心素养的基本要求和目标。中学历史教师既要厘清唯物史观的基本形成过程和内容,还应探索落实和掌握唯物史观的基本方法。唯心史观在人类相当长的历史阶段里主导着人们对社会历史的认识,直到19世纪中叶,马克思创立的唯物史观开始与唯心史观分庭抗礼。

唯物史观的创立使历史学有了科学的史观指导。作为中学历史教师,厘清唯物史观形成过程有助于准确把握和运用唯物史观的基本精神、内涵和方法,有利于高屋建瓴地建构、指导中学历史学科教学,有利于达成中学历史教育教学目标。

二、唯物史观的形成和发展

19世纪中后期是近代科学技术大发展的时代,科学技术在生产中的广泛应用与两次工业革命的连续发力,有力地改变了人类世界。资本主义生产关系经过三百年的发展,在工业革命推动下逐渐成熟起来,资产阶级在越来越多的国家成为统治阶级,资本主义制度在世界范围内逐步取得胜利。生产力和阶级斗争都发展到历史上未有的水平,世界各国的联系也大大加强,资本与劳动的对立日益尖锐,资本主义社会的基本矛盾明显地暴露出来。

马克思和恩格斯在半个世纪左右的时间里对私有制和阶级国家进行了深刻研究,创立了唯物史观,科学地论证了物质生产是社会发展和历史进步的真正动力,经济关系是政治生活和精神生活的真实基础,为历史找到了真正的基础,把人们对社会的认识奠立在真正科学的基础之上了。从此,唯物史观成为认识社会本质、揭示社会发展规律、分析社会发展趋势、透视历史人物与事件的科学的理论体系和方法论武器。

(一) 唯物史观的形成

一般认为,马克思恩格斯唯物史观的形成发展经历了以下过程。

1842年4月,马克思开始为《莱茵报》撰稿,后担任主编。以《关于林木盗窃法的辩论》为标志,马克思跨出政治领域关注物质问题。之后《莱茵报》连续发表了马克思关于莫塞尔河沿岸地区葡萄酒酿造者的困苦生活状况的一些文章,马克思从单纯的理论研究转入现实社会中,对国家问题、物质利益问题等进行了不同于以往的论述,引发了统治者的不满。马克思开始关注物质问题,奠定唯物史观形成基础。

接着,马克思开始阐明唯物史观的一些基本内容,以他居住在克罗茨纳赫时写下的《黑格尔法哲学批判》为主要标志,唯物史观开始形成。马克思在该书中批判了黑格尔关于国家决定家庭和市民社会的唯心主义观点,探讨了市民社会与国家的关系,明确提出家庭、市民社会是国家的前提,并且第一次提出革命在社会变革中的作用;批判了黑格尔主张君主、官员决定国家制度的英雄史观,阐明了人民创造国家的思想;批判了黑格尔在国家发展问题上否认有质变的缓慢进化论,提出必须经过真正的革命来建立新国家的观点。

马克思全面批判资本主义的同时,基本阐释了社会发展规律,以他在主办《德法年鉴》时期与恩格斯合作的作品《神圣家族》为主要标志,唯物史观迅速发展。该文揭露、分析和批判了黑格尔思辨唯心主义和青年黑格尔派的"自我意识",正面阐述了历史的发源地、人民群众的历史作用、思想与现实的关系、唯物主义的发展形态等问题,基本提出了历史的发源地处在尘世的粗糙的物质生产中、人民群众是历史的创造者、思想只是利益的反映等重要思想。

《〈政治经济学批判〉序言》被认为是对唯物史观的完整论述,在文章中马克思认为,人们在自己生活的社会生产中发生一定的、必然的、不以他们的意志为转移的关系,即同他们的物质生产力的一定发展阶段相适合的生产关系。这些生产关系的总和构成社会的经济结构,既有法律的和政治的上层建筑树立其上,也有一定的社会意识形态与之相适应的现实基础。物质生活的生产方式制约着整个社会生活、政治生活和精神生活的过程。不是人们的意识决定人们的存在,相反,是人们的社会存在决定人们的意识。社会的物质生产力发展到一定阶段,便同他们一直在其中运动的现存生产关系或财产关系(这只是生产关系的法律用语)发生矛盾。于是这些关系便由生产力的发展形式变成生产力的桎梏。那时社会革命的时代就到来了。随着经济基础的变更，全部庞大的上层建筑也或慢或快地发生变革……无论哪一个社会形态，在它所能容纳的全部生产力发挥出来以前，是绝不会灭亡的;而新的更高的生产关系，在它的物质存在条件在旧社会的胎胞里成熟以前，是决不会出现的。所以人类始终只提出自己能够解决的任务，因为只要仔细考察就可以发现，任务本身，只有在解决它的物质条件已经存在或者至少是在生成过程中的时候，才会产生。大体说来，亚细亚的、古希腊罗马的、封建的和现代资产阶级的生产方式可以看作是经济和社会形态演进的几个时代。

这一表述的字里行间都充分体现了物质统一性、发展辩证性以及人的主体性等唯物史观的根本原则。唯物史观诞生在工业革命迅速蔓延、资本主义社会矛盾基本暴露之时，它科学地揭示了社会发展的普遍规律，深刻剖析了资本主义社会的本质和它产生、发展、灭亡的规律，清算了以前的唯心主义历史观，从而使社会发展的探索建立在科学理论基础之上，为无产阶级斗争提供了强大的理论武器，使社会主义理论由空想成为科学，也是历史学走向科学的标志。[①]

(二) 唯物史观的发展

1883年马克思去世，此时的世界发生了深刻变化:第二次工业革命迅疾而来，自由资本主义走向更高级别的资本主义;资本主义国家的工人运动也有新的发展;一个完全由西方主导的世界体系已完全形成，世界的经济联系日益密切，人们之间的相互依赖大大加强。晚年的恩格斯用敏锐的眼光观察变化多端的世界，仔细地分析资本主义历史发展的新情况，总结和发展了唯物史观。

20世纪的西方社会也有一批共产党人及理论工作者研究马克思主义唯物史观，形成一些流派。20世纪的西方社会科学技术、商品经济高速发展，促使人类主体能力、物质财富的巨大增长与人的普遍的平庸化之间产生严重的冲突困境，并日益加剧。一些马克思主义学者

①毛阳阳. 基于核心素养的唯物史观在高中历史教学中的实践思考[J]. 中学课程辅导(教学研究),2020,14(14):160-161.

从异化、结构、实证等方面研究马克思主义唯物史观,有的强调历史发展的复杂性、总体性和历史发展的"总体决定",有的突出"阶级意识""文化领导权"或"意识形态",有的把经济因素和其他各种因素等量齐观等,再加上胡塞尔、海德格尔等对现代科学技术的进步性和革命的历史作用的质疑,马尔库赛和哈贝马斯等揭示现代科学技术的意识形态功能,西方生态学家和未来学家对科技发展和生态危机产生进行新反思等,这些都对唯物史观发展形成新的机遇、冲击和挑战。

中国共产党领袖毛泽东运用唯物史观的基本原理,成功地解决了中国革命和建设中的许多具体问题,发展了唯物辩证法等原理,不仅指导中国革命和建设实践取得了一系列胜利,而且建立了马克思主义中国化的理论基础。中国改革开放以来,马克思列宁主义、毛泽东思想、邓小平理论、"三个代表"重要思想、科学发展观、习近平新时代中国特色社会主义思想都是唯物史观在现代中国不断发展和创新的体现。

三、唯物史观基本内容

唯物史观是马克思主义哲学的有机组成部分,是唯一科学的、博大精深的历史观,是揭示人类社会历史客观基础及发展规律的科学的历史观和方法论。人类对历史的认识是由表及里、逐渐深化的,要透过历史的纷杂表象认识历史的本质,科学的历史观和方法论是非常重要的。唯物史观使历史学成为一门科学,只有运用唯物史观的立场、观点和方法,才能对历史有全面、客观的认识。唯物史观是高中学生学习和探究历史的核心理论和指导思想。唯物史观包括对历史过程的本质认识、历史发展结构以及具体人物和历史问题的认识。人类社会是社会经济的发展、生产方式和交换方式的改变,由此产生的社会不同的阶级以及这些阶级彼此之间斗争的过程,是经济基础与上层建筑辩证统一发展的过程。生产力是历史发展的决定因素,其实质是现实的个体的生产能力由低级到高级的发展过程。人民群众是历史发展的根本动力,人类社会是从低级向高级发展。

唯物史观是一个整体,多角度、多层面地认识社会历史,既是唯物史观解读历史的空间,也是唯物史观自身发展的空间,其科学性与开放性是融为一体的。唯物史观既包含个别的、具体的历史问题的认识结论,也包含历史发展的规律、历史本质、历史趋势等的结论以及历史的本质精神、基本原则,其内容既是认识社会历史的方法和指导思想,也是科学知识,在学习历史的过程中不可孤立、机械地运用。在对人类社会历史的认识过程中应当遵循物质的统一性、发展演化的辩证性和人的主体性,使学生在历史学习中能形成相互联系、相互制约、相互统一的认知结构或系统。

四、唯物史观在中学历史教学中的地位

在2015年,纪念抗日战争胜利70周年,习近平总书记在中共中央政治局第二十五次集体学习时明确指出:"要坚持用唯物史观来认识和记述历史,把历史结论建立在翔实准确的史料支撑和深入细致的研究分析的基础之上。"为此,中国共产党和国家在《中共中央国务院关于深化教育改革全面推进素质教育的决定》《国务院关于基础教育改革与发展的决定》《教育部关于全面深化课程改革落实立德树人根本任务的意见》等重要文件中一再强调教育要坚持唯物史观和普及唯物史观教育。

在中学历史教学中,唯物史观是诸素养得以达成的理论保证;时空观念是诸素养中学科本质的体现;史料实证是诸素养得以达成的必要途径;历史解释是诸素养中对历史思维与表达能力的要求;家国情怀是诸素养中价值追求的目标。通过诸素养的培育,达到立德树人的要求。因此,历史学科五个核心素养是一个相互联系的整体,唯物史观是学习和探究历史的核心理论和指导思想,是实现历史学科价值目标的指针。

由此可见,培养唯物史观素养是落实立德树人目标的根本要求,是完成中学历史教学课程改革的重要目标,是引导学生树立正确观点、形成正确学习方法的指导思想。中学历史教师要让学生能够知道

人类物质生活资料的生产是社会生活的基础,知道生产力是历史发展的决定因素,知道经济基础与上层建筑之间的辩证关系,了解人类社会形态从低级到高级发展的规律;能够理解唯物史观是科学的历史观,并且能够从生产力与生产关系、经济基础与上层建筑的辩证关系来理解历史上的发展变化和社会形态的演变过程,理解阶级斗争是推动阶级社会发展的直接动力;理解人民群众在历史发展中的重要作用;能够史论结合、实事求是地论述历史与现实问题。中学历史教师要明确中学生唯物史观基本素养的要求:中学生要基本掌握历史发展动力,历史决定论,历史规律论和唯物辩证法,人民群众的历史作用等内容;部分中学生要能够运用唯物史观论述历史。这反映了中学历史学科更高的理论要求,也是当今社会对人才成长的时代要求,学生发展素养着眼于未来,学科核心素养着眼于当下,最能反映科学发展、社会进步和国家意志,在当前激烈的社会文化变革中具有鲜明的时代意义。

五、唯物史观与相关新史观之间的关系

文明史观、全球史观、现代化史观、社会史观、生态史观、革命史观等是20世纪以来出现的新史观,这些史观虽在表述上使用"史观"这一名词,但与唯物史观、唯心史观相比,不属于一个层次的表述,不能与唯物史观并行,但它们在撰写范式与研究视角上深受唯物史观影响。

唯物史观是历史教学的灵魂,不可含糊,应当在坚持唯物史观的前提下,对这些新史观采用警惕、借鉴和改造的态度,不要造成中学历史教学的混乱。具体来讲,借鉴有以下几方面:借鉴其视角,扩大历史认知的视野,自下而上看历史;借鉴其研究领域,开拓历史认知的范围,突破以前的空白和禁区;引进其重要概念,丰富历史思维的"细胞"。改造主要是指转换现代化史观、文明史观等史观的哲学基础,让其成为奠定在唯物论和辩证法基础上的科学方法,让其与生产力史观、阶级斗争史观一致起来,推动唯物史观的落实,弘扬唯物史观。对

于一些与唯物史观矛盾的地方,在吸收、借鉴时,应取其精华,去其糟粕,把这种吸收借鉴的过程变为坚持、丰富和发展唯物史观,摈弃唯心史观的过程。应该坚决防止把这些新史观与唯物史观对立。一些教师在一知半解的情况下仅仅为了凸显新史观,从而强调新史观与唯物史观在观察分析历史过程中得出不同结论,其实,无论史观视角如何不同,在唯物史观之下,显然不能得出完全不同乃至相反的结论,这需要教师警惕。

第二节 在历史人物评价课堂中运用唯物史观的原则

人们认识和研究历史人物,不仅要搜集资料、理清历史人物的基本活动,而且要根据历史人物的贡献或是过失作出评价,教师在引导学生进行历史人物评价时,应当贯彻唯物史观的指导思想,坚持辩证分析、客观分析、全面分析三大原则。

一、辩证分析原则

辩证分析,就是要用一分为二的观点看待历史人物,防止全盘肯定或全盘否定。我们在运用唯物史观评价历史人物时,应当坚持辩证分析的原则。例如,对于"发现美洲的第一人"哥伦布的评价,应当引导学生辩证地分析评价。一方面,哥伦布确实称得上是伟大的航海家,其率领的远洋航队经历了重重险阻想要探寻通往东方的新航路。虽然最终他们没有到达他们梦寐以求的东方,却意外地发现了新大陆,虽然他们并不知道这不是东方,却间接地促进了各大洲人们之间更广泛的物质、文化交流,这是哥伦布值得肯定的地方。另一方面,哥伦布"发现美洲"也引发了西欧各国掠夺殖民地的狂潮,这是应当批判的。因此,教师在讲授《新航路的开辟》这一课时,应注意引导学生辩证地分析评价哥伦布,才能力求达到还原历史真相,而不是一味地称颂其为"杰出的探险家",或是将其贬低为"殖民主义强盗"。

再如,在新文化运动中,一些新兴的思想家们如胡适、鲁迅等,他们提倡新文学,反对旧文学,提倡"民主"与"科学",在一定程度上启发了民智,促进了民众的思想解放。新文化运动将那个时代的人们从封建思想的枷锁中解放出来,人们开始对自身的文化进行反思,这具有一定的进步意义。但是,有些思想家对旧的文化传统予以全方位地否定,这就过于极端化了,传统文化并不都是愚昧、腐朽的,其中也蕴含着很多美好的优良品质。比如,"尊老爱幼""尊敬师长""和气待人"等,这是我们中华民族文化的底色,在批判"腐朽的""愚昧的"封建礼教的同时,对传统文化应当批判继承。因此,我们在评价新文化运动的一些代表人物时,既要肯定其不惧权威和敢于向封建礼教、愚昧落后的传统文化挑战的精神,也要看到其全盘否定传统文化的片面性。在评价历史人物时,要注意辩证分析的原则。

二、客观分析原则

在运用唯物史观评价历史人物时,应当遵循客观分析的原则。何为"客观"呢?客观是在意识之外,不依赖主观意识而存在的,它相对于主观而言,不掺杂任何个人的偏见。为什么要坚持客观分析呢?马克思曾一针见血地指出,个人的出发点总是他们自己,不过当然是处于既有的历史条件和关系范围内的自己。我们在看待历史问题或是在评价历史人物时,总会不自觉地代入自己的思维观念,以己推人。那么,如何避免这种状况呢?这就要求教师引导学生客观地评价历史人物,这样才能达到对历史人物的公正的、不偏不倚的认识。何为历史?马克思认为,历史并不是把人当作达到自己目的的工具来利用的某种特殊的人格。历史不过是追求着自己目的的人的活动而已。历史作为人类的实践活动,是一种客观存在,因此,认识和研究历史必须以事实为出发点,在尽可能搜集、整理有关历史资料的前提下,来评价历史事件或者历史人物。然而历史资料纷繁复杂,我们在搜集资料时,应当学会辨别,选择一些比较有权威的资料,只有通过丰富而准确的材料把握历史事实的总和并分析其内在联系,才能透过历史现象来看清历史的本质和主流,才能认识和把握历史的发展规律。这是我们评价历史人物的一个重要的前提条件,历史讲究有一说一,实事求是,不能瞎编滥造,历史讲究实证性和逻辑思维性的一面与数学有共通之处,如果一开始的资料是有误的,那么可想而知,所得出来的历史推论必然是不正确的。①

例如,在评价顾维钧时,如果仅仅从他所代表的北洋军阀的性质出发,否定其在外交上的突出表现,甚至说成是"卖国求荣",这种历史人物评价显然是带有浓厚的主观色彩,是极为片面的。我们不能否认,顾维钧是近代史上最为著名的外交家之一,他在巴黎和会上慷慨陈词、据理力争的外交表现熠熠生光,展示了中国近代外交家们的风采。在他长达几十年的外交生涯中,他始终把中国的国家利益放在首位,秉持以大局为重的外交理念,其本身也具备良好的外交家素质,善于审时度势,借助美国的力量制衡日本,坚决拒绝签订不平等条约。因此,如果我们只从顾维钧本人所效力的当局角度出发,否定其对中国外交事业所做出的贡献,那么这就违背了我们在评价历史人物时要坚持客观分析的原则。

三、全面分析原则

如果不是从整体上、不是从联系中去掌握事实,如果事实是零碎的和随意挑出来的,那么它们就只能是一种儿戏,或者连儿戏也不如。尤其是我们在评价历史人物时,应当从整体上去把握,坚持全面分析的原则。在高中历史教学中,尤其是在引导学生评价历史人物时,应当贯彻唯物史观,坚持全面分析的原则。历史是关于过去的事情,历史是立体的,处在历史或现实存在中的人也是立体的,如果力求达到对人的客观认识,那么在评价历史人物时,就不能"以管窥豹"或是"盲人摸象"。正如邓京力先生认为的那样,单方面在主体头脑中臆造出来的标准既不能从整体上反映历史发展的真实面貌,也不能全面反映历史评价主体与客体之间根本的价值联系。全面分析原则无疑是

①袁锐. 高中历史教学中的教师叙述客观性问题研究——以人教版《中外历史人物评说》为中心[D]. 浙江师范大学,2012.

最明智的选择。

那么,何为"全面分析"呢?全面分析也可称为"系统分析",即将人看为一个整体,而不是割裂开来。如袁世凯,他一方面使得辛亥革命未能进一步发展,一心沉迷于做皇帝的美梦,复辟帝制,妄图将中国带回到"皇权至上"的时代,但这也只能是他的妄想,历史潮流滚滚向前,不会如他所愿;另一方面,在他就职期间,他也颁布了一些建设性的措施,在推动中国近代化方面值得肯定。因此,教师在引导学生评价看待历史人物时,应当坚持全面分析的原则,评价这些历史人物要注意到他们的一切方面,不能只关注其某个方面,而无视其另外一些方面。只看到其中一面,必然会导致片面化。

概而言之,我们在进行历史人物评价的时候,要坚持唯物史观,坚持辩证分析、客观分析和全面分析的原则。在教学中,我们要注意引导学生运用以上原则多角度、全方位地评价历史人物,这样才能真正实现对历史事件和历史人物作出科学全面的评价。

第三节 唯物史观在历史人物评价课堂教学中的实践

一、从社会存在与社会意识的关系角度评价历史人物

(一) 社会存在与社会意识的关系

马克思、恩格斯认为,物质生活的生产方式制约着整个社会生活、政治生活和精神生活的过程。不是人们的意识决定人们的存在,相反,是人们的社会存在决定人们的意识。那么,何为"社会存在"呢?一般说来,"社会存在"是社会物质生活条件的总和,主要指物质资料的生产方式。学术界根据马克思、恩格斯的著作,进一步总结概括了何为"社会存在",大致有两种看法:用数学公式的形式将"社会存在"形象直观地表示为"地理环境+人口+生产方式=社会存在",或者"人+生产方式+圈=社会存在"。

社会意识是指政治、法律、道德、艺术、哲学、宗教等观点,它是社会存在在人们意识中的反映,在人类的社会实践中产生和发展,也是社会生活的精神方面,并具有复杂的结构。

社会存在与社会意识两者之间存在着辩证关系,社会存在决定社会意识,社会意识对社会存在具有反作用。

(二)从社会存在与社会意识的关系角度评价历史人物

历史是关于人的历史,而人的生产、生活和思想脱离不了他所生长的社会环境。例如,在学习先秦文化时,必然会涉及对诸子百家的评价,教师在讲授此课时,可引导学生从社会存在和社会意识的关系角度评价历史人物的思想,以便学生能更加全面、客观地认识诸子百家的思想主张。

众所周知,春秋战国是一个大动荡与大变革并存的时代,皇室衰微,诸侯争霸,社会文化环境较为宽松,这就是当时的"社会存在",诸子百家纷纷著书立说,形成了"百家争鸣"的盛状,大变革大动荡的"社会存在"决定了"百家争鸣",而"百家争鸣"可以理解为"社会意识",这正是社会存在决定社会意识的表现。诸子百家中最具有代表性的一派就是儒家,儒家思想作为一种"社会意识",是百家争鸣的一个重要组成部分,孔子是儒家学派的创始人,面对"苛政猛于虎也"的社会现状,他提出要实行"仁政",极力推崇恢复西周的礼乐制度,这一思想反映了民众对现状的不满及对理想社会的渴望。"儒家思想"作为一种学说上升为"社会意识"已经存在了两千余年,已经深入国人的骨髓,影响着国人的言行和社会秩序,这是社会意识对社会存在具有反作用的表现。

纵观中国发展的历史,社会存在决定社会意识、社会意识反作用于社会存在这一规律始终在发挥作用。在不同的历史时期,随着社会环境的变化,社会意识也随之不断地调整和转换,适应社会历史的发展,并且反作用于社会存在。

二、从生产力和生产关系的矛盾运动角度评价历史人物

(一) 生产力和生产关系的矛盾运动

马克思、恩格斯认为,全部社会历史的基础是生产力,它是推动社会发展的决定力量,生产力与生产关系的矛盾运动是历史发展的根本动力。探讨生产力和生产关系的矛盾运动,首先应该明晰生产力和生产关系的概念。那么,什么是生产力呢?马克思在《资本论》中认为,生产力即生产能力及其要素的发展。后来学界根据马克思的著作,进一步对生产力做了解释:生产力是人们改造自然和控制自然界的能力,它反映人和自然界之间的关系。何为生产关系呢?马克思在《资本论》中明确指出,生产关系,即人们在他们的社会生活过程中、在他们的社会生活的生产中所处的各种关系。这种关系并不是割裂开来的,社会中的每一个生产关系之间都可形成一个统一的整体。

生产力与生产关系的矛盾运动是一个复杂的体系,随着新生产力的获得,人们改变自己的生产方式,随着生产方式即谋生方式的改变,人们也就会改变自己的一切社会关系。概括说来,马克思主义认为生产力决定生产关系,生产关系对生产力有反作用,生产力与生产关系的相互作用构成了它们的矛盾运动。对于生产力决定生产关系,不能仅仅将经济看作是决定生产关系的唯一要素,将其概括为"唯经济论",这就曲解了马克思和恩格斯的思想,恩格斯对此的看法是:"根据唯物史观,历史过程中的决定性因素归根到底是现实生活的生产和再生产。无论马克思或我都从来没有肯定过比这更多的东西。如果有人在这里加以歪曲,说经济因素是唯一决定性的因素,那么他就是把这个命题变成毫无内容的、抽象的、荒诞无稽的空话……"生产力和生产关系之间形成了基本适合到基本不适合这样一个循环往复的不断前进的过程。

(二) 从生产力和生产关系的矛盾运动角度评价历史人物

生产力是衡量社会发展程度的一个非常重要的标准,历史人物的思想与活动,总是与生产力发展的变革和斗争有着直接或间接的关

系。在高中历史人物评价教学过程中，关于历史人物评价的标准有很多，其中有一条就是将历史人物的活动及其影响综合起来，看其对当时社会和整个人类社会的生产发展和历史进步起了推动作用，还是起了阻碍和破坏的作用。这是评价历史人物的基本标准，简言之，就是看历史人物所做的事情或是推崇的变革是否促进了社会生产力的发展，如果促进了社会生产力的发展，那就有值得肯定的地方，不能全盘否定。

在评价历史人物时，综合考察他们的实践活动是否推动了生产力的发展是一个重要的标准，这种评判方法有其合理性，但是也要防止过于机械化地生搬硬套。由于各种复杂因素的存在，人物评价并不可能建立一个统一、固定的标准。认为历史人物的社会作用，归根结底是对社会生产力所起的作用，只考虑是否有利于生产力的发展属于"唯一标准论"，完全忽视其他方面的因素，这是不可取的，也是对唯物史观的片面理解和背离。①

三、从阶级斗争和阶级对立的角度评价历史人物

(一)阶级对立和阶级斗争

人类社会存在阶级对立和阶级斗争，马克思曾一针见血地指出，至今一切社会的历史都是阶级斗争的历史。"阶级"即人们在一定的社会生产体系中，由于所处地位不同和对生产资料关系的不同而分成的集团：首先，阶级是一个较大的社会集团；其次，根据社会集团在生产关系中的地位决定了他们的阶级划分。可见，划分阶级的一个非常重要的标准就是他们在生产关系中的地位。马克思认为，至今的一切社会都是建立在压迫阶级和被压迫阶级的对立之上的。简言之，社会存在阶级对立，阶级对立冲突积累到一定程度必然会引起阶级斗争。那么，阶级斗争包含哪几个方面呢？翦伯赞先生对此作出了回答，他认为阶级社会的历史总是有敌对的两个方面，一方面是统治阶级的活动，另一方面是人民群众的活动，阶级社会就由这敌对的两个阶级构

---

①孙志鸿. 高中历史教学中的人物评价问题研究[D]. 哈尔滨师范大学,2019.

成了阶级斗争的两个方面,去掉了任何一方面,都不能全面地说明阶级斗争的内容。统治阶级和人民群众似乎总是站在对立面,如何能看清两者斗争的规律呢? 马克思主义提供了一条指导性的线索,使我们能在这种看起来扑朔迷离、一团混乱的状态中发现规律性。这条线索就是阶级斗争的理论。

(二) 从阶级斗争和阶级对立的角度评价历史人物

国内学术界对阶级斗争和阶级对立的研究成果颇多,不同学者有不同的看法,也存在着很多争议。有些人认为在"和平与发展"的时代大背景下,阶级斗争已经失去了它存在的意义,另外有一些人认为,这个时代仍然是贯穿资产阶级与无产阶级、社会主义与资本主义阶级斗争的主线索,这就决定了国际领域内的阶级斗争的星火是不可能熄灭的,国内的阶级斗争之火也是不可能熄灭的。有些人在承认阶级斗争存在的基础上,认为还应该把阶级观点同历史主义结合起来。

不可否认,"阶级分析法"提供了一种角度去观察和分析纷繁复杂的社会现象。我们在研究和评价历史人物时,不可避免地会关注这些历史人物所代表的阶级,或是他们的阶级地位,因为这里涉及的人,只是经济范畴的人格化,是一定的阶级关系和利益承担者。是经济范畴的"人",他身上蕴含着一定的阶级关系,很难摆脱阶级范围内的影响,正如陈旭麓在他的《论历史人物评价问题》中的看法:阶级社会里没有超阶级的个人,个人的思想行动又是阶级利益的表现,因此我们不可能离开阶级来评价历史人物。完全脱离阶级关系来评价历史人物似乎是不可能的,教师要引导学生看到历史人物的阶级属性。

但是,我们还应该注意到"阶级分析法"不是评价历史人物的唯一标准,要注意不随意给历史人物贴"阶级绝对化"的标签。站在不同的阶级角度,看到的、感受到的也会有所不同,得出的结论也随之不同。因此,我们在引导学生评价历史人物时,既要让学生注意历史人物所代表的阶级,以便更加深入地理解他们的思想主张,也要注意避免"唯阶级论",要从历史人物的具体情况、具体作用出发来评价。

评价历史人物时完全抛开或脱离其阶级属性似乎有一定难度,尤其是在革命时代的特殊历史时期,从阶级斗争和阶级对立的角度评价历史人物有其存在的价值和合理性,尤其是在号召群众参与革命方面发挥了极大的作用,从而强有力地冲击和摧毁了旧社会腐朽的制度等,从这个角度上来说,阶级分析法应当值得肯定,但是,教师在引导学生运用阶级分析方法评价历史人物时,也要注意避免"唯阶级化"倾向,不能随意地给历史人物贴阶级标签,也不能擅自搞"血统论",从而使复杂的历史事件简单化、内涵丰富的历史人物"脸谱化"。

四、从社会历史的创造者角度评价历史人物

(一)人民群众是社会历史的创造者

关于谁是历史的创造者,曾有激烈讨论,有人认为人民群众在历史的长河中发挥了重大的作用,是社会历史的创造者;有人认为英雄人物或者说杰出人物,在社会历史中发挥了中流砥柱的作用,他们才是历史的创造者。简单地将人民群众和英雄人物对立起来显然是不明智的,英雄人物也适应于人民群众的范畴。那么,人民群众的力量如此之大,英雄人物所起的作用是不是微不足道了呢?答案是否定的,翦伯赞曾指出,英雄人物坚强的特性和天才的预见,对于指导一个历史行动还是有很大作用的。英雄人物的重要地位是不言而喻的。因此,我们在讨论谁是社会历史的创造者时,既不能简单地将"人民群众"与"英雄人物"割裂开来,也不能无限放大"英雄人物"的历史作用。持"精英政治论""精英治国论"观点的人并不在少数,他们极力推崇"英雄人物"的光辉,认为"英雄人物"在历史上的地位是至高无上的,是他们带动着社会的发展,促成社会的变革,引领着时代的发展脉络,在这些"英雄崇拜论者"看来,英雄人物可谓"天之骄子",而对人民群众所做出的贡献选择无视。当然,对于谁是社会历史的创造者问题,教师在评价历史人物时,要注意避免极端化,既不能偏执地认为群众就是"洪水猛兽"或是"暴民",也不能盲目打造"救世主式的偶像",历史的进步是各方努力形成合力的结果,人民群众和英雄人物都发挥了巨大的作用,二者缺一不可,不能片面地将其割裂开来或是将

他们放在对立面去评价,我们应当学会辩证统一地看待。

(二) 从社会历史的创造者角度评价历史人物

在世界历史发展的长河中,人民群众和英雄人物都是历史的重要组成部分。在高中历史教学过程中,在引导学生评价历史人物时,既要让学生看到广大人民群众所迸发出的巨大力量,也要让他们明白"英雄人物"的引领作用。

如在讲授五四运动、新文化运动时,莘莘学子用实际行动来反对"二十一条",广大群众、市民、工商人士等阶层也都参与进来,他们纷纷示威游行、请愿、罢工、暴力对抗北洋军阀统治,面对强权政治,愤慨激昂,紧密团结起来,给当局施加压力,在这样强大的压力下,中国代表最终没有出席巴黎和会的签字仪式,这也反映出了人民群众的力量是强大无比的。

在五四运动过程中,李大钊、胡适、蔡元培、陈独秀等人也发挥了重要作用,他们既属于"人民群众"的一员,也具有"英雄人物"的特性,他们独特的远见卓识和超高的文化素养推动了新文化运动的进一步发展,也正是因为他们发挥了广大人民群众的力量,使得人们的思想解放达到新高度,五四运动才成为伟大的思想解放运动。

再如在土地革命时期,毛泽东创造性地提出了"农村包围城市,武装夺取政权"思想,建立起以井冈山为代表的诸多农村革命根据地。毛泽东对革命方向的预见性展示了其"英雄人物"的一面,"人民群众"和"英雄人物"团结协作,形成合力,共同推动历史的进步。

第八章 基于核心素养的历史课堂评价

第一节 核心素养下历史课堂评价理论基础

适应新课改要求的高中历史教学评价是在一定的理论影响下产生的。而这些理论主要包括历史课程的地位、西方教育评价理论、现代教育理论。

一、历史课程的地位

高中历史是我们中学所学知识的重要一环,而高中历史课程对于提高国民素质教育有很大的作用,它是我们所学的几大学科类课程中的一门。普通高中历史课程就是用历史唯物主义的观点来阐述和解释人类历史发展的进程和规律。对高中历史课程的认识和学习,能培养学生的人文情操,健全的人格,提高学生对历史古往今来的历史意识,使学生掌握从古至今人类社会发展的基本脉搏,使学生从历史的角度来认识人类、自然、社会这三者的关系,让学生更加了解和关注我们中华民族这五千年来不平凡的历史命运,最终实现学生的全面发展。

二、西方教育评价理论

教育评价的理论来源于西方学者对学生学力检测运动的研究成果。教育测验运动是以桑代克在 1904 年发表的《精神与社会测验学导论》为开始的标志,以测验的标准化及客观化问题为核心。在这一时期,评价和测量被认为是同义词,评价被作为测验的结果来对学生行为进行分类。

第一次世界大战后，教育不再是单纯地传输知识，人们的教育观念也发生了很大的变化，人的全面发展成了教育教学的目标。

西蒙兹（P.M.Symonds）的《人格与行为的诊断》对单纯的人格测量法提出了反对意见，主张用多种的方法来对人格进行测量，诸如观察法、访谈法、问卷调查法等。泰勒（R.W.Tyler）通过"八年研究"提出了学生全面综合发展的教育教学目标和以行为目标为核心的目标评价模式。随后，泰勒的理论得到了很多人的发展和改造。人们开始审视以行为目标为中心的评价理论，认识到单纯以目标为中心的评价理论存在着其不合理性。有学者提出：个人具有主观能动性，能创造属于自己的生活，能自主地学习相关内容，完成教育的要求，用一成不变的目标及模式来评价个人是不可行的。因此，行为目标评价模式被击中，各种教育评价理论流派不断涌现。斯塔弗尔比姆（L.D.Stufflbeam）提出了 CIPP 评价模式，这种评价模式是由 Context（背景评价）、Input（输入评价）、Process（过程评价）与 Product（结果评价）组合而形成。在 1967 年，斯克里芬（M.Scrivem）提出了一种新的评价模式，即目标游离评价模式，这种模式是以评价活动中的参与者所获得的是实实在在的成果和一致达成的共识为依据，注重对教育活动进行效果评价。

从整体或宏观上来看每个流派，其评价理论都各自有自己的长处与弱点。高中历史教学评价应汲取各教育评价理论流派的长处。中国的学者也曾经提出，教学评价好坏判定的最终依据其实是是否有利于学生固有特性的形成，在这里面有一个非常关键的想法是使用多种多样的评价原则和评价功能，以达到学生能从许多方面掌握现实情况和完善自己的目的。中外教育教学评价理论为新形势下的高中历史教学评价提供了很好的方向和原则。新课程改革下的高中历史教学评价把发展学生的科学精神和人文精神放在了重要的位置，要求弘扬学生独特的个性，促进其全面综合发展。[①]

---

① 王淑娟主编. 学科视角下的基础教育课程改革[M]. 沈阳：东北大学出版社，2014.

三、现代教育理论

在1900年之后,建构主义理论、后现代主义和加德纳的多元智能等理论产生,这些理论重新论说和叙述了学生该如何学习和怎样掌握知识,在理论上为高中历史教学评价起到了指导的作用。

(一) 多元智能理论

1983年,霍德华·加德纳出版了《多元智能》一书,在此书中,加德纳揭示了人与人之间存在着的巨大的差异性,他认为人的智能不是单一的,而是多元的,提出了一整套系统的多元智能理论。加德纳给智能下了个定义,认为智能就是处理所面对的难题的能力或者是制作新文化事物的能力。其中处理问题的能力其实是指你可对准某个具体的目标,摸索出科学合理的途径,去追求这个目标。制作新文化事物的能力要求你自身必须有一定的知识储备,你能对知识进行宣传,敢于抒发自身的情感,阐述自己对文化事物的独特见解。与多元智能理论相适应的教学评价应更多地关心重视到每个学生个性和能力的不同,对于每一个学生采取不同层次的评价标准,评价的内容和方法更加多元化,应注重发挥评价的作用。

(二) 建构主义理论

在传统的教学理念中,教学是以学生为主体的知识客体的认识过程。在这一过程中,对价值观念的本体论的思考已经盛行,教学已成为文化和科学知识的转移和复制。而现代教学观更多地采用建构主义理论与方法,追求培养学生自主学习和解决问题的能力。

建构主义(Constructivism)认为知识的获取是由学习者通过活动对体验进行内化以及按照自身有限的实践经验对自身人格精神和知识意义进行构建。此外,知识的获取需要学习者本人积极地去构建,单凭教授的讲授而获取知识是不够的。其基本内涵包括:其一,注重学习者的经验。其二,注重以学习者为中心。其三,尊重学习者的个人意见,鼓励学习者反省和思考,指导和鼓励学习者提出有关学习内容的建设性的理解。其四,关注学习者与他人之间的互动学习。其五,注重协作学习。

依据建构主义的相关理论,我们认识到:教学不是教师将现成的知识直接传输到学生脑子里的过程,而是学生自己与外部环境相接触相互摩擦积极建构知识的过程;学习也不是许多知识储存的过程,而是学生根据自身有限的知识经验来建构的;学习是师生之间、同学之间不断地理解沟通,不断加强互动学习,从而实现知识再建构的过程。新课程改革下的高中历史教学在评价时应把学生放在重要的位置,发挥学生在评价中的主体性作用。

(三) 后现代主义的教育观

后现代主义的教育观强调多样化,倡导开放,尊重差异,尊重创造与平等的重要性,对中心和等级进行否定。后现代主义尊重学生固有的特性,认同学生之间的不同性,重视学生在评价中的主体性地位,鼓励学生发挥其自身的主观能动性,主张建立良好的师生关系,推进平等的交流方式,增加师生之间交流的机会,从而打破教师在课堂教学中的权威地位。

后现代主义思潮拓宽了我们的教学评价的认识领域。后现代主义认为,所有学生在这世界上可以说是绝无仅有的,都有其独特性,因而不能用唯一的、一成不变的教学标准来度量学生的学习和发展水平。学生是学习知识的关键人物,是知识的摸索者和发展者,在学习过程中,学生理当踊跃参与并尽力发挥其主观能动性。故高中历史应把学生的差异性作为主要的教学评价标准,辅之以多元的评价方式,留足空间给学生的个性的发展。

第二节 核心素养下历史课堂评价的必要性

长期以来,在历史学科中,教学评价会偏重于历史知识的熟悉和技能的掌握,要求学生对历史知识要有一个很好的记忆和对史实知识的价值有更好的认识,最后凭学生掌握历史知识的多寡来作为衡量学生历史学习的理解程度。这样子的结果就造成了历史只是简单地对历史人物、事件、结论的简单背诵。其历史教学评价领域狭窄,形式单一,不利于历史教学的发展,因而必须有一套新的历史教学评价体系来完善它。在新一轮基础教育课程改革的形势下,为了适应新课改的要求,高中历史教学评价需要进行改变,而高中历史教学评价的改变也会带动着其评价方式的变革。随着新高中历史教学评价的出现,高中历史教学评价方法的变革就显得尤为必要。

适应新课改要求的高中历史教学评价是在一定的现实和理论的影响下产生的,包括时代对"人"的要求,基础素质教育和创新教育的要求以及历史学科核心素养的教育目的的要求等。

一、时代对"人"的要求

随着20世纪中晚期计算机、个人电脑、全球网络等的发展,人类社会进入一个信息时代、发展时代、挑战时代、竞争时代。到21世纪,世界已经进入以知识竞争为主的经济全球化时期,人们将更多地依赖知识的创新及创新运用。中国面对经济的全球化和知识的创新运用双重压力,为了在国际竞争中占有优势地位,人才的培养成了关键。为了适应新的发展趋势,适应时代对教育培养人才提出的需要,国际21世纪教育委员会概括出了学会认知事物、学会做事、学会如何共同生活、学会怎么样去生存这四大教育支柱,并且,教育在组织与设计的过程中,必须以这四大方面作为我们学习能力的依据。

(一) 学会认知事物

这类学习一般是我们获取知识和掌握知识的一种手段,而不能得到更详细、更系统的分类知识。真正受到全面教育的人具有广泛的文化知识,并能认真地学习研究部分学科。通过我们学习到的知识,进而去理解知识,同时学生应学会用自己的注意力、记忆力和敏锐的思维去学习,避免学习的表面化。

（二）学会做事

某种程度上说，学会做事情与学会学习这两者是一起的，是紧密相连的。学习做事情不是培养某人从事某一特定工作的热情，使他参与到生产活动中，而是通过实践挖掘其合作、交流、创新等潜能。

（三）学会共同生活

学会共同生活，也就是学会与他人一起生活，学会适应彼此之间的生活。教育的本质要求就是教导学生了解人类的多样性和个性的差异性，并进而认识所有人。在教育方面，有许多活动的团结与合作，培养了团队精神，培养了人类应对人与人之间紧张关系的社会能力。

（四）学会生存

学会生存，简单地概括就是学会独立自主的生活，而不是去依靠别人。教育的作用就在于使每一个人通过对青年时期所学的知识的梳理，形成具有批判精神的独立思想意识，提高自身对事物的判断能力，学会独立自主的生活。假如一个人想要求得自身的进一步发展，更好的改造自然和人类社会，就必须充分地挖掘自身内在潜有的能力，提高道德素养，实现个性的多样化，提高每个人的自主性和创造性，增强其社会责任感。

21世纪是人才竞争的时代。面对日益残酷的社会竞争，为了更好适应社会发展，社会也适时地对人才提出了更高的要求。21世纪的人才所需具备的六项基本要求，即一定的人文道德修养、较广博的专业基础知识、对学习的渴望、积极进取的人生态度、合作竞争的意识以及具有真善美的人格力量。社会在进步，所需要的人才都需具有高素质、高情感、高技术。这些东西的存在，都为新形势下的高中历史教学评价提供了一个更好的评价标准和广阔的视野。[1]

二、素质教育和创新教育的要求

传统历史教学过分注重对知识的讲解和记忆，历史考试有着人

---

[1]王媛媛. 核心素养培养目标下的高中历史小论文写作研究[D]. 山西师范大学，2018.

物、事件、意义的简单背诵的倾向,对于历史知识的实际功用重视不足,简单的记忆与重复的测验成了参考教学效果和实践功能的手段。这一定程度上破坏了历史课的形象,影响了学生学习历史的积极性和主动性,扼杀了学生学习历史的兴趣。

面对已经进入21世纪的今天,素质教育和创新教育已经成为各国教育改革的目标,旧的书本型教育和工具型教育已不适合时代的潮流。现今,我国的素质教育有了相对较快地发展,已经向纵向发展,同时创新教育也摆到了教育研究的中心位置,培育具备创新意识与创新能力的新式技术人才成了各国的教育目标。教育评价要改变单纯地以卷面分数为评价标准,评价重心要向创新能力倾斜,以学生主体的和谐发展为目标,创建新的历史教学评价。

三、培养学生历史学科核心素养的教育目的

随着新课程改革的发展,历史课程越来越重视培养学生历史学科的核心素养。历史学科核心素养是学生在学习历史过程中逐步形成的具有历史学科特征的思维品质和关键能力,是历史知识、能力、方法、情感态度和价值观等方面的综合表现,主要包括时空观念、史料实证、历史理解、历史解释和历史价值观。

历史教学是培养学生历史学科核心素养的重要途径,在历史教学过程中要紧紧围绕培养和发展学生历史学科核心素养这一主旨,实现对学生进行教育的目的。而高中历史教学的评价也应以《普通高中历史课程标准》为依据,以历史学科核心素养为评价标准,以促进学生的发展及改善教师的教学为目的,采用科学、可行和多样的方式方法,设计或提供各种形式的评价任务,在系统收集学生学习过程、学习效果等相关材料的基础上,对学生的学习状况进行量化和质性的全面分析,并将评价结果及时反馈给学生。

第三节 核心素养历史课堂评价方法

高中历史教学评价应以《普通高中历史课程标准》为依据,以历史学科核心素养为评价标准,以促进学生的发展及改善教师的教学为目的,采用科学、可行和多样的方式方法,设计或提供各种形式的评价任务,在系统收集学生学习过程、学习效果等相关材料的基础上,对学生的学习状况进行量化和质性的全面分析,并将评价结果及时反馈给学生。

一、基于课堂教学的评价方法

历史课堂教学是历史教学中普遍使用的一种手段,是教师传授知识和技能的过程。历史课堂是丰富多彩地,具有很大的灵活性。新课程改革规定,基于课堂教学的评价要以历史学科核心素养为评价标准,体现出促进学生发展及改善教师教学这一理念,采用科学、可行和多样的方式方法。

(一) 讨论法

在我们以往历史课堂教学中,教师经常会使用讨论法这种教学方法,此外它也是历史教学评价中的一种非常有效果的方法。在使用讨论法的过程中,学生与他人的合作得到了加强,他们共同探讨一些比较棘手的问题,交流彼此的学习心得;这样不仅可以使学生的历史知识得到更好的积累与掌握,同时也给教师提供了一个便利,可以更方便地了解每个学生对所学知识掌握程度的高低、学生历史学习能力发展水平的差异性以及情感态度与价值观的变化情况。

在课堂讨论过程中,教师一般会采取两种方法,即全班讨论和小组讨论相结合的办法。小组讨论是,每个小组大概包括 4~8 个人,有组长、计时员、记录员等。在小组成员之间进行讨论的时候,每个小组成员都会有他们选择的讨论主题,然后再逐个地去进行发言,并且由记录员做记录,最后再总结概括他们的不同答案。

(二) 活动法

活动法是一种常用方法,借助活动来评价学生学习的效果。每个学生都有其独特之处,他们会用自己独特的方式来诠释和表达他们对知识的理解。给学生们一个机会,让他们用自己独特的方式来表达他们对知识的理解,带动他们积极主动地参与到教学活动中去,转变他们的学习方式。在教学过程中,教师可以根据具体的实际情况,组织诸如社会调查、制作历史图表、扮演历史角色等活动。学生自主地参与到活动中,对历史进行直观地认识。教师可以通过活动清楚地了解学生对于所学的历史知识的深度及能否在历史学习中解决所遇到的问题,既激发他们的兴趣,同时让学生的综合能力也会有相应的提升。

(三) 课堂观察与提问法

课堂观察和提问法是过程性评价的主要方式,教师可以通过观察学生在课堂学习中的表现,通过观察然后记录学生的课堂表现,为日后学生的历史学习成效的好坏提供评价的依据,对观察到的结果和各方面的内容给予评分,将学生所得的分值在期末中予以统分并折算到总评中去。这种方法使学生能更多地关注自己的学习过程,促进学生自身的全面发展。[①]

二、过程性与终结性评价相结合

高中历史教学评价不仅要重视结果,更应关注学生的学习过程,关注学生的成长过程,将形成性评价和终结性评价相结合,突出学生学习历史的变化发展过程,关注学生的主观能动性,注重培养学生发展的过程。

(一) 档案袋评价

这种评价方式是在教学实践的过程中出现的,主要是通过对学生学习过程中的成绩进行收集,并且建立档案来评价学生学习的一种方

---

① 王轶慧. 核心素养视角下历史有效课堂的建构摭探[J]. 成才之路,2020(26):92-93.

法。这种方法既考虑了量化的因素,也关注了教学评价的功能性。这种评价方式有很强的实践性,学校为每一位同学建立一个"历史学习记录"档案袋,在封面贴有评价记录表,档案袋中的资料主要有:学生的作品;相关资料;学习成长;综合评价资料。

历史学习档案记录了学生许许多多的成长"故事",可以说基本上包含了学生发展的整个历程,包括了学生的自我评价、学生之间的相互评价以及教师评价等相关资料,包括了学生自己创作的作品,包括了学生自己完成的相关资料及其反思。通过历史学习档案袋,学生全程参与到自己学习成长的历程中,直观地感受自己的成长与进步,并反思和判断自己在成长过程中的进步与努力,从而提高自我反思能力。档案袋记录了学生进步的过程,反映了学生的反省能力、努力程度和最终发展水平,它为评价提供了一个开放的、真实的、连续的、动态的、多层次的、丰富多彩的评价资料。建立历史学习的档案袋,有助于跟踪和反馈学生的历史学习情况,有利于对学生进行稳定跟踪和反馈,综合调查和全面评价。

(二) 测验和考试

对于中学历史教学来说,最普遍、最常用的评价测量方式就是纸笔测验,类似于考试。对于纸笔测验,人们首先想到的通常是"学业压力、排名、紧张、落后"等名词,从这几个略带贬义的名词中,似乎纸笔测验的积极作用就没有了。不能忽视的是,纸笔测验也不失为一种很好的学业评价手段,即使新课程出现了,纸笔测验并非一种可有可无的东西,它依然有着其固有的价值,它的功能依然很大,依然有提升的空间。而传统纸笔测验仍存在的诸多不利因素的问题,面对新课程,纸笔测验有很大的改革必要性。

对于高中历史学科纸笔测验的改革,最基本的还是要放弃过去过于强调基础知识的测验,从试卷命题的各个方面入手,尽可能地通过历史试卷测验全面地反映学生的学习过程和结果以及在这个过程中学生情感、态度和价值观的变化。具体而言,新课程下的纸笔测试需要实现以下几个方面的转变:书面试卷层次化、考试内容多样化、卷面设计人性化。

综上所述,过程性评价一般是在教学的过程中,对学生学习的各个方面进行评价,以便及时了解学生的学习情况和在学习过程中存在的问题;同时把情况和问题及时反馈给学生和教师,以便促进教学过程的调整。过程性评价一般是在教学过程中进行的。新课程更加关注学生自身的发展过程,关注过程性评价,档案袋评价法无疑成为一种有效的评价方法。终结性评价一般是在教学活动结束时而进行的评价,其评价的方式有期末的考试、考查等。终结性评价的目的是判定学生学习的最终成果,并给出成绩的评定。而过程性评价和终结性评价的相结合,有助于充分调动学生学习的积极性和主动性,有助于对学生进行客观公正地评价,促进教师和学生的发展。因此,在教学评价中将过程性评价和终结性评价相结合很有必要。

三、多维度的评价主体

评价主体的多元化就是评价的主体由单一转向多元,强调增强各个主体之间的联系和互动,让学生成为评价的主体,家长、教师、同伴等都参与到评价机制中,各个评价主体共同参与,形成一个完善的评价制度。目前,世界各国的教育评价都在逐步转变为由教师、学生、家长、管理者,甚至包括专业研究人员共同参与的交互过程,这是教育过程逐渐民主化、人性化发展进程的体现。实行评价主体的多元化是贯彻落实《基础教育课程改革纲要》的要求,有利于建立促进学生全面综合发展的历史教学评价体系。

(一)学生的自我评价

学生的自我评价即学生对自己学习历史知识的情况进行的自我评价与感悟。学生自评,使学生作为评价的主体,根据一定的标准对自身的期望、人格、发展情况、个性和学习行为与结果进行评估。作为学习者的本人,对自身学习感受通常比其他人来得很更准确些,让学生自己总结这一学期以来在历史学习方面所取得的成绩、对历史学习的感悟以及对历史教师提出的建议和意见等,有利于学生转变学习观念,提高自身的反思能力,增加学生对历史知识的认知,同时还能帮助教师改进教学方式,促进教师成长。

(二) 学生的相互评价

学生互评是获取信息的重要手段,因为同学们在一起的时间比较多,比较深入地了解对方,对同行的评价也比较真实和具体。但在评价过程中,同伴评价不可避免地会带有个人的情感色调,以致评价不一定完全真实可靠。针对这一情况,教师应积极引导学生真正了解评价的内容与目的,秉着客观公正的原则,从事实角度出发给出客观的评价。这样,学生的相互评价才能发挥其应该有的作用。学生之间的相互评价有助于学生之间的相互理解与自我教育,有助于教师更加全面地了解每一位学生,提升自我的教学能力,促进学生做到名副其实在班级里传播好的学习风气,从而促进学生更好更快地发展。

(三) 教师评价

教师对学生的评价是一门学问,也是一门艺术,不同的评价方式对学生会产生不同的效果。鼓励性的评价会让学生信心满满,意气风发,精神抖擞;而批判讽刺性的评价会打击学生学习的积极性,使学生丧失信心,精神不振。由此可见,教师对学生的评价有其一定的重要性。应提倡全面调查了解,客观公正地评价,全面多方位地评价,提倡鼓励性评价。

(四) 家长评价

陶行知先生认为,学校教育离不开家庭教育,如果没有家庭教育,学校教育也开展不下去。美国教育学家杜威也认为,教育必须与家庭联系在一起,教育对象被控制在教育范围内,根据教育对象的人格发展来塑造理想的人才。因此可知,教育中家庭和学校的同心协力与一起奋斗是不可或缺的。在如今这个不同一般历史的时期,我们头脑应该清楚、深刻地意识到学校教育、家长对教学评价是非常重要的,应努力实现评价主体多元化。

评价主体多元化的达成,是我国基础教育评价改革的新趋势。家长、学生、教师、学校以及教育行政部门都是评价的参与者，要让他们通力合作，共同参与到评价当中。在新的教学评价体系中，父母的评价因为其在视角的角度、接触面上是独一无二的，所以在实践中，家长评价是不可被替代的。学生与家长关系在教育中很特殊，两者接触时间较长，而且大部分时间拥有共同的活动空间，因此家长评价能帮助教师更全面地了解学生，更客观、公正地评价学生。因而，以不同形式让家长参与到历史教学评价中具有很大的必要性。可以建立可行的家长开放日制度；充分发挥家长、学校的作用；家长填写评价表。

总而言之，评价主体的多元化改变了教师单独评价学生学习的情况，学生成为评价的主体，家长、教师、同伴等都参与到评价机制中。学生的自我评价有助于学生转变学习观念，提高自身的反思能力，增加学生对历史知识的认知，而学生间的相互评价也是相互学习和交流的过程，使他们更加客观地认识自我。家长评价能帮助教师更全面地了解学生，更客观、公正地评价学生，同时增加家长对学生学习情况的关注。教师客观公正地对学生进行评价，能促进学生更好更快地发展，达到教育学生的目的。评价主体的多元化能从不同的评价主体、不同的角度来评价高中历史教学，为高中历史教学评价提供了实践性指导。

参考文献

[1]曹鹏.浅谈高中历史核心素养培养途径——以史料实证为例[J].中学教学参考,2020(16):70-71.

[2]常亚欣.基于核心素养的高中历史课堂教学设计与呈现[D].哈尔滨师范大学,2018.

[3]陈家华主编.基于高中历史学科核心素养的教学设计[M].宁波:宁波出版社,2018.

[4]陈守念,陈敏.结合教材分析与史料解析,培养历史课堂的史料实证能力——以《明朝的对外关系》教学设计案为例[J].科学咨询,2020(39):158-159.

[5]凤光宇主编.中学历史学科核心素养教学实践研究[M].上海:上海教育出版社,2019.

[6]郭容丞.基于历史核心素养下的高中历史生活化教学策略研究[D].杭州师范大学,2019.

[7]郭雪梅.落实历史学科核心素养的课堂教学策略[J].科普童话·新课堂(下),2019(08):136.

[8]黄牧航主编.历史教育"新师范"建设丛书时空观念的教学设计与学业评价[M].广州:广东高等教育出版社,2019.

[9]贾格年,李宝宝主编.中学历史教师教学技能学习指导[M].天津:天津大学出版社,2017.

[10] 李保祥, 刘静."时空观念"素养引领下的高中历史教学——以人教版高中必修Ⅱ"二战后苏联的经济改革"为例[J]. 辽宁教育, 2019(23):93-96.

[11] 梁慧. 浅论家国情怀核心素养的传统构建与历史教学路径[J]. 速读(下旬),2019(07):32.

[12] 吕淑珊. 历史核心素养下的"史料实证"与教学运用研究[D]. 闽南师范大学,2018.

[13] 毛阳阳. 基于核心素养的唯物史观在高中历史教学中的实践思考[J]. 中学课程辅导(教学研究),2020,14(14):160-161.

[14] 宋丽莹. 核心素养下高中历史课堂导入研究[D]. 河北师范大学,2019.

[15] 孙志鸿. 高中历史教学中的人物评价问题研究[D]. 哈尔滨师范大学,2019.

[16] 唐涛. 高中历史课堂强化"核心概念"教学的研究[J]. 中国校外教育(上旬刊),2019(11):143,147.

[17] 王淑娟主编. 学科视角下的基础教育课程改革[M]. 沈阳:东北大学出版社,2014.

[18] 王轶慧. 核心素养视角下历史有效课堂的建构摭探[J]. 成才之路,2020(26):92-93.

[19] 王媛媛. 核心素养培养目标下的高中历史小论文写作研究[D]. 山西师范大学,2018.

[20] 魏恤民主编. 史料实证的教学设计与学业评价[M]. 广东高等教育出版社,2020.

[21] 徐亮,石洁,吴鹏超主编. 中学历史教学教法新探索[M]. 青岛:中国海洋大学出版社,2018.

[22] 严为公. 立足核心素养,优化历史教学[J]. 亚太教育,2020(10):176-177.

[23]袁锐.高中历史教学中的教师叙述客观性问题研究——以人教版《中外历史人物评说》为中心[D].浙江师范大学,2012.

[24]朱素珍.浅谈历史学科核心素养要求下高中生基于史料思维能力的培养[J].文理导航•教育研究与实践,2018(10):80.

[25]祝曙光,黄阿明主编.历史学科核心素养培养研究[M].武汉:武汉大学出版社,2017.